股Morning
一日之計在於晨
股票新手靠這本

賈股文 | 著

推薦序

　　各位讀者好，我是Janie，一直以來我就對媒體業充滿熱誠，期許能透過自身的經驗和能力傳遞更多的資訊給閱聽人，過去也曾任職於東森財經新聞台擔任主播暨記者，深知財經資訊的重要性與需求，尤其近期年輕人投入股市的比例大幅提高，20歲至30歲的開戶數連兩年年增20萬人，學習基本的投資觀念不僅是爲自己找尋開源的機會，也是爲自己資產的管理帶來一份保障，而這也正是我推薦此書的初衷，也能從作者身上看到同樣的熱誠，將其學習經歷和教學經驗集結成冊，期許這本書能爲股市新手們帶來一盞明燈。

　　我在進入財經台以前，是擔任網路旅遊主持人，求學時期也是以傳播、媒體爲背景，所以比起其它財經領域的同業花更多時間、心力學習相關知識，對於像我這樣的門外漢，我深知找到深入簡出的學習教材非常重要，而這本書就成功的扮演了這樣的角色。內容上相當親民，特別介紹了常見的實務觀念和名詞，將讀者與冰冷的數字和規則拉近距離，最爲重要的是以3個W的方式幫助讀者記憶股市最常見的3大分析，相信能幫新手快速地建立獨立分析的能力，最後則特別點出心理層面才是股市致勝的關鍵，作者的一句：「與其說是我們在學習股票，不如說是股票在讓我們認識自己」這部分我更是深感認同，大家都學習差不多的東西但最後交易的結果卻能有很大的差異，原因便是在於每個人能否正

確處理交易行爲下的人性。

　　最後，股市如學海般無涯，正因爲其沒有學完的一天，也意味著有其無限可能和個人發揮的空間，僅祝各位讀者能透過不斷的學習找尋到自己的獲利之道。

Janie 徐世珍

前東森財經台記者

自序

　　Good morning，各位讀者好，我是作者賈股文，書名取作「股Morning」就是想以輕鬆的口吻來為正要起床的股市新手們揭開序曲，俗話說一日之計在於晨，那麼希望股市新手們的速成就靠這本。曾經我也跟各位一樣是個懵懵懂懂的新手，到現在雖稱不上高手但至少還能當上一本書的寫手，而當年我的暮鼓晨鐘是如何敲響？又這本書是為何而生？時間還早，有興趣的讀者們歡迎看下去。

　　時光飛逝，在大學時就已打算靠著創業或投資，早日投入財務自由的懷抱，而接觸股票便是我的第一步，如今也已邁入第8個年頭，當年給自己20歲的生日禮物就是開證券戶，回想起來那時興高采烈的步伐與心情都還很深刻，對於一樣東西的投入與熱情無非是如此。

　　出社會後，發現身邊許多同儕同事對於股票市場是相當陌生，抱著賺錢的期待下單卻又常常被無情的市場潑上一桶冷水，還來不及賺錢就先賠上了血本，而無知便是背後真正的原因，天下沒有白吃的午餐，而投資市場更是需要下過苦功，經歷一番寒徹骨方能有所獲。

　　在這樣的背景下我於25歲那年編輯了講義並透過社群軟體招生，以家教或包場的形式開班授課，期望能幫助身邊更多的人能學習股票基本的投資投機觀念與技巧，正所謂給他一隻魚不如給

他一支釣竿。在疫情的貨幣寬鬆政策和亮眼的基本面下，台股甚至全球股市急起直上，迎來大多頭市場，也迎來了許多想要搭上熱潮的年輕股民們，我算是受惠於此，逐漸累積了些學生也開始累積了些口碑，對股市新手們會遇到的問題和問題的根源有了更多的認識，著眼於幫助更多人順利的進入股票市場，寫下這本書的動機也應運而生。

隨著近幾年網路媒體的蓬勃發展，越來越多的股票資訊與觀念可以從YouTube等平台上學到，是個方便且快速的學習方式，但也因此學習上會較為零碎，不容易從中反芻或建立一套完整的架構，而心態上的養成，心理上的磨練也會有所不足。過去我的學習都是透過大量的閱讀，從書局的熱銷書到股市前輩們必讀的經典書籍，搭配實務的操作，從失敗中去找尋相關的書籍彌補自己的不足，從完全看不懂專有名詞到現在能看封面就知道內容，有經歷過這樣的學習歷程，才深知這是最費時卻也最扎實的學習方式，但我也明白現代人生活忙碌多元，讀書的時間也更加有限，所以時間運用的效率也相當重要，如何快速完整的透過書籍提供新手所需的技巧與觀念便是我的目標，因此本書將涵蓋股票三大分析方式：技術分析、籌碼分析與基本分析，結合基礎觀念和心法養成，用最白話的語言傳達最實用的觀念，從短線的投機到長線的投資，為股市新手們快速建立完整的架構。

如果有認真或不經意看到作者簡介的人，大概會對我的學歷浮現個驚嘆號，這個驚嘆號來自於各位對金融市場的刻板印象，是的，我畢業於英文系，一個與財金、經濟等毫無關聯的科系，但透過自己的研究和教學經驗在27歲這年著手寫下這本書，我

樂意各位讀者注意到我的學歷和股市的關係，也以我的背景能寫
出這本書感到驕傲，而這樣的反差正是我想寫出這本書的宗旨：
「了解股市，如果我可以，你也可以！」，了解股市不用出自於
相關科系，不用具備什麼專業高深的背景，重點在於學習的動力
和不斷調整的心理狀態，相信我，給我一本書的時間，我能帶給
你截然不同的股票市場，當多數人都是輸家時，從此時此刻起，
你將與他們有所不同。

目錄CONTENTS

基礎實務與觀念

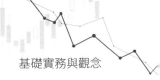

在真正進入股票市場前，有些基本或常見的觀念應該先了解，在教學經驗上也常遇到學生學了技術分析後，卻連基本的股票單位和股價怎麼看都不甚瞭解，既然本書是專門設計給新手的，以下將以簡明扼要的方式來說明一些基礎實務與觀念，如果已經有經驗的讀者也可直接跳至第二章技術分析的部分。

投資與投機的差異

投資人在進場前，應先釐清自己的需求為投資還投機，後續操作上和心態上都有很大的不同。

投資：持有時間長，風險較低，獲利來源主要為配息或配息加價差。

投機：持有時間短，風險較高，獲利來源主要為價差。

多頭空頭與牛市熊市

接觸金融市場一定要先知道多空與牛市熊市的定義，這樣在閱讀新聞與財金資訊時才能正確解讀，如新聞常常會提到目前為大多頭格局，或是美股正式步入熊市。

多頭=牛市：表示股價為向上的走勢，一高比一高高，可以直接理解為上漲格局。

空頭=熊市：表示股價為向下的走勢，一低比一低低，可以直接理解為下跌格局。

（取自：Freepik）

　　西方國家習慣以牛熊表達多空，為什麼牛代表上漲，熊代表下跌呢？原因滿有趣的，因為牛角向上，熊爪向下，這是為什麼華爾街有一頭金牛擺在那喔。

股票單位與股價

　　股票的基本單位為「股」，一張為1000股，一般股價的顯示都是以一股為單位，例如聯發科目前的股價為970元，就表示一股為970元，一張則是970元*1000股=970,000元。沒滿一張的股數一般稱為「零股」，如999股。

股票交易時段

股票可分為盤前試撮、一般整股交易、盤中零股交易、盤後交易、盤後零股交易與興櫃交易，以下將就各類型整理與說明：

類型	盤前試撮	一般整股交易 盤中零股交易	盤後交易	盤後零股交易	興櫃交易
時段	8:30-9:00	9:00-13:30	14:00-14:30	13:40-14:30	9:00-15:00

盤前撮合：

在這個時段裡可以掛買賣單，但不會成交，直到9點開盤時會撮合出一個開盤價，但這時段裡所顯示的價格一般不建議參考，因為有人為操作的可能，甚至你我都可以做到。例如這時段常出現漲停價，很多沒經驗的散戶會趨之若鶩的跟上，以為有機可乘，但就在接近開盤前有心人士瞬間取消了大量買單，沒了漲停卻早已買進而受騙，所以建議仍是以開盤後的價格作為買賣的參考。

一般整股交易與盤中零股交易：

9:00-13:30正是大盤主要交易的時段，9:00為開盤，13:30為收盤，交易可以整張或零股為單位，為投資人帶來更多元的交易方式也降低了進入市場的資金門檻。

盤後交易：

14:00-14:30皆能接受委託，於14:30撮合成交，僅能以收盤

價做交易，單位為張，因盤後交易的人較少，流動性也比較低。

盤後零股交易：

與盤中零股交易最大的不同在於盤中零股交易是9:10第一次撮合，之後每隔3分鐘集合競價撮合成交，而盤後零股交易則是14:30一次撮合成交。

興櫃交易：

興櫃股票交易時段較長，且無漲跌幅限制，採議價方式交易，與一般上市櫃股票有著明顯的差異，細節將於下一段落做說明。

股票市場分類

根據證交所掛牌標準的不同，股票市場分為上市、上櫃、興櫃，以下依照主要差異整理：

類型	上市	上櫃	興櫃
資本額	六億元以上（新台幣）	五千萬元以上（新台幣）	無
設立年限	滿三年	滿兩年	無
漲跌幅限制	10%	10%	無
交易方式	撮合交易	撮合交易	議價

　　由此可見，上市公司的標準最爲嚴格，當中包中投資人耳熟能詳的台積電、大立光、聯發科等大型權值股，相對風險也是上市公司最低，上櫃次之，再來興櫃。而上櫃與興櫃中多爲中小型股，不乏未來具成長力的黑馬，如信驊、群聯等，股價成長幅度也更大，甚至興櫃交易無漲跌限制，單日即可帶來可觀的報酬。

　　其中，興櫃股因申請的條件較寬鬆，只要兩家以上的券商輔導推薦即可，爲國內企業帶來一個友善的募資平台，如當中以生技股爲大宗。而上市上櫃前都須先登錄爲興櫃股交易至少6個月，但不見得每家公司都一定能或願意轉上市上櫃，這是長線投資上值得留意的地方，若爲短線投機則另當別論。即使上市公司也仍可能因經營不善等問題而倒閉成爲壁紙，所以進場前了解一下該公司屬於哪個類型，對於風險和報酬的預期心理也能有概念。

除權息

　　除權息又稱作配股配息，除權是發放股票股利，除息則爲發放現金股利，爲股票主要獲利來源之一，是公司將其利潤以股利的方式發放給股東，目前台股大多數公司都以配發現金股利爲主，以下介紹幾個常見的專有名詞。

A. 除息基準日

　　公司都會先行公告當年度的除息基準日，表示只要在當天前持有該檔股票即可參與除權息，例如：鴻海公告設7/22爲除權息日，那麼最慢只要在7/21進場持有股票就可以參與。台股大多數

的公司都會將除權息日訂於6-9月間，通常會與往年的時間相近，少數公司或ETF一年除權息時間不只一次，如台積電一年配發四次，可另外查詢得知。

B. 除權息金額

除權息日期	現金股利	盈餘配股	公積配股	合計
-/-/-	5.2	0	0	5.2
2021/07/22	4	0	0	4
2020/07/23	4.2	0	0	4.2
2019/07/25	4	0	0	4
2018/07/25	2	0	0	2

（資料來源：富邦e01電子交易系統）

　　不少新手會不懂如何看配息金額，其實同股價的看法，如上述圖表為鴻海的除權息資訊，紅框處可見2021/7/22為4元，表示一股將分配4元的現金股利，如果持有一整張鴻海，則可領到4000元。

C. 填息

參與除權息必須注意到股價會同時下跌，如下圖鴻海2021/7/22除息當日的走勢，後續股價必須漲超過除權息的起點才是真正的獲利，否則是領了股息賠了價差，而這過程稱為填息，填息所需的時間因個股有所不同，也攸關於投資人是否看好其後市進而將資金再投入。

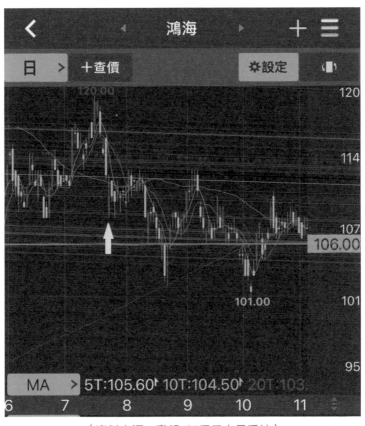

（資料來源：富邦e01電子交易系統）

D. 股利發放日

除權息日並非當天就會發放股利，而是依照公告的發放日去
發放，一般會在除權息後1-2個月左右。

*除權息參考價計算方式：

除息參考價=股價-現金股利

除權參考價=股價/（1+股票股利/股票面額）

殖利率（報酬率）計算

殖利率的計算相當重要，一方面可以檢視個股配息的投資報
酬率是否符合預期，好做長期投資存股的規劃，另一方面也可以
檢視自己的操作表現，甚至作為停損停利的基準。而股票兩大獲
利來源為價差和配息，計算方式很簡單，認為自己數學不好的讀
者不用擔心，主流軟體上也有幫使用者們計算，但學會後可以幫
助我們在進場前事先評估。

（獲利/成本）x100%=殖利率

3萬買一張股票，當年度配息2000，報酬率=（2000/30000）
x100%=6.6%

3萬買一張股票，4萬塊賣出，報酬率=[（40000-30000）
/30000]100%=33%

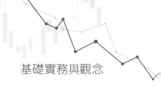

五檔價量

下單是進入股票市場的基本，而下單前更是要學會看五檔價量，先前教學上常常碰到學生會下單委託這個動作，卻因看不懂五檔價量而掛不對價格與數量，以至於沒辦法在想要的時間點以想要的價格買賣，這邊將透過一些提問與教學來為讀者們建立觀念。

委買			委賣
1117	53.60	53.70	460
924	53.50	53.80	960
988	53.40	53.90	2270
1775	53.30	54.00	4302
840	53.20	54.10	1440
(5644)			(9432)

（資料來源：富邦e01電子交易系統）

上圖是以手機看盤下單時常見的五檔價量畫面，當中列出委買與委賣雙方最接近成交價的五檔價格與數量，以這檔股票來說，每一檔位差距為0.1，但檔位差距並非一程不變，依照股票價格會有所不同，共6個級距，每股市價未滿10元者，股價升降單位為0.01元，10元至未滿50元者為0.05元、50元至未滿100元者為

0.1元（如上圖）、100元至未滿500元者爲0.5元、500元至未滿1000元者爲1元、1000元以上者爲5元。

　　而這畫面中有幾個必懂資訊，首先爲藍箭頭標示黃底線處的53.70，該底線表示該價格爲當時的成交價。接著爲左側可見的「L」，表示爲當日最低價，右側的「H」表示爲當日最高價，只要股價於盤中跌至53.3以下或漲至54以上，那麼L與H將會變動。而圖中於價格旁邊的黃色數字則爲委託張數，記得是張數，很多新手會以爲是人數，別搞錯了。而畫面下方的5644與9432則是系統統計下來的委買與委賣總張數，可以讓你一目了然現在哪一方的委託張數較多。目光稍微往上一點點，可以看到一條細細的線以紅綠色組成，那條線叫做「內外盤比」，許多新手對這部分是完全沒有概念，別擔心，我們慢慢來解釋，在解釋前我想先問讀者們一個問題，如果今天你要馬上賣出一張上圖這檔股票，你該委託多少價格呢？一般新手都會直接的回答53.70，因爲那是目前的成交價，我只要委賣那價格就能馬上成交吧，答案是錯！應該委託53.60，因爲如果委託53.70，你得排在460張之後，畫面會變成461，你無法馬上賣出，講更直白點，其他賣方目前願意開出最低的價格是53.70，你如果也開53.70，並沒辦法取得優先賣出的權力跟機會喔，要如何馬上賣掉，應該是要賣至買方願意出的最高價，也就是比其他賣方出更低的價格，以更積極的方式馬上滿足買方的最高理想價格進而成交，所以標準答案是53.60，而買方委託數1117張就會因成交給你變成1116張喔。反之，不訪問問自己如果要馬上積極買入一張，該委託多少價格呢？答案是53.70，也剛好是目前的成交價。透過這個提問我們可以回到剛剛的內外

盤比，相信會更容易理解，首先，外盤（紅色）表示買方願意積極的買入，委託並成交於委賣方的最低價，也就是上圖的53.70；反之，內盤（綠色）表示賣方願意積極的賣出，委託並成交於委買方的最高價，也就是上圖的53.60，由此可得知，內外盤比能表現出買賣雙方哪邊的積極度比較高，可以推測上漲或下跌的機率何者較高，以上圖為例，目前綠色的比例高於紅色的，表示內盤比多於外盤比，賣方較積極，下跌的可能性比較高，但要注意這僅供參考，只要盤中有大單積極敲進，這比例隨時會大幅度改變。

如果還覺得抽象的讀者，這邊分享個我自己教學上常用的舉例，希望能有幫助，各位可以想像一間大學教室，這位教授（股票）如果教學卓越又幽默風趣，那麼外面的學生（外盤）就會積極的進教室旁聽，相反的，如果教授教學沉悶又難以理解，那麼教室內的學生（內盤）就會傾向翹課或點完名就離開教室，透過學生的進出比例我們就可以推測這位教授的教學表現喔。

最後一個觀念，一樣透過提問來幫助各位理解，如果今天我要馬上買入499張（高於499張則為鉅額交易，一般主力或大戶偏好以最高499張委託），應該委託多少價格，正確答案為53.80，為什麼不是53.70呢，因為這樣你只會先買入目前賣方委託的460張，還有39張得等候成交，如果掛53.80，則可買入460張於53.70，39張於53.80，成本會依張數和價格取平均，不會是53.80x499喔。相信到這邊各位已經對五檔價格熟悉許多，未來下單上也能更符合自己的期待。

融資融券

融資融券，也許有些讀者已經聽過，但大部分的人對它都容易有負面的刻板印象，像是遭到斷頭慘賠或沒有評估自身財務能力而產生意料外的損失，但其實只要使用得當，它是個可以有效提升槓桿與透過下跌獲利的好工具呢，股票上漲可以獲利，但可能沒聽過下跌也可以吧，讓我們一起來了解一下。

A. 前提

在進行融資融券以前，因為涉及借貸，必須先開立信用戶以進行信用交易。

B. 融資（看多後市）

顧名思義，就是跟券商借錢買股票，當你看好一檔股票又希望有更多的資金來進場，就可以透過這個方式，除此之外，融資最重要的好處在於可以提升槓桿，運用融資你可以不用全額買股票，券商會借出特定比例的金額，比例為上市六成、上櫃五成，以上市為例，假設A股票價格100元，一般買入需負擔10萬元，若以融資買入則只要負擔四成，也就是4萬元，你可以只用4萬就買入一檔10萬元的股票，甚至若本身預算即有10萬元，那等於可以8萬買入兩張原先看好的標的，是不是成功以小博大，槓桿提升很多呢？

但在享受好處的同時也要注意融資的風險，也就是前言提到的，要使用得當才會是好工具。

融資要留意追繳與斷頭，券商借錢給投資人，自然得有自保

的機制，而這個機制就是融資維持率，計算方式為：**股票現值/融資金額。**

　　以「上市六成、上櫃五成」的融資比例，我們可以算出上市上櫃的維持率分別為100%/60%＝166%與100%/50%＝200%，當股價下跌時融資維持率就會下降，若低於130%時，券商會發出追繳令，要在兩天內補齊差額，讓維持率回升到166%以上，否則將強迫賣出。舉上述A股票的例子來說，我以4萬融資買入一檔價值10萬的股票，融資維持率=100,000/60000=166%，當股價下跌至78$時，融資維持率=78,000/60000=130%，再下跌就會面臨追繳，如果沒補錢股票就會被迫斷頭賣出，所以總得來說，只要做好停損或資金控管，於適當時機補上保證金，即可避免被斷頭的風險。

C. 融券（看空後市）

　　很多新手不知道股票除了上漲能賺錢以外，下跌也可以，更有不少書籍或高手以漲跌兩頭賺為題分享實戰心得，而透過下跌賺錢的正式名稱為放空，方式就是透過融券，當各位學會了融券後就能為自己看待股票市場增添另一個角度，對於漲跌能有不同的體悟。

　　融券放空主要的原理是向券商借股票來賣，到了滿意的價格後買回還給券商，進而獲取中間的價差，所以要注意是借來賣喔，下單時要選擇融券與賣出，當股票順利下跌要獲利了結或是不幸上漲需停損，則要選擇融券與買進，這樣講相信對很多新手來說很抽象，這邊一樣用個故事幫助理解。今天我看到朋友的一

支全新勞力士，目前價值30萬但我認為一個月後只會剩下25萬，於是我跟我朋友借了那隻勞力士並答應一個月後還給他一模一樣的，朋友認為不吃虧便爽快的答應了，在借到後我馬上拿去市場上售出（融券賣出）獲得30萬，很幸運的，一個月後真的市價跌到剩25萬，這時我便馬上買入（融券買入）該隻手錶並還給我朋友，我朋友如約定拿到了一模一樣的手錶，而我則將中間的5萬放入口袋，這就是融券獲利的概念喔！

值得一提的是融券不像融資有提升槓桿的優點，投資人需自付90%的融券保證金，假設融券10萬的股票，需自付9萬。風險上除了股價有可能上漲外一樣有融券維持率，融券維持率＝（融券股票市值+保證金）÷融券股票最新總市值。以剛剛上面的某股票為例，股價100元，保證金等於10萬乘以90%為9萬，帶入融券維持率公式=（10萬+9萬）/10萬=190%。若今天股票上漲導致維持率低於130%，券商一樣會通知補繳保證金，若沒補上則會被迫融券回補。

另外，在放空上常會聽到所謂尬空，意思就是指當許多人都放空某股票時，卻不幸遇到行情反轉或特定主力對做，導致股票不跌反漲，此時原先放空的人為避免虧損擴大，會進行融券回補盡快停損，而因為融券回補本身是個買入股票的動作，會再把股價推高，助增了上漲行情。

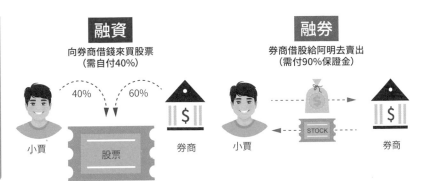

（圖片出自：永豐金證券 豐雲學堂）

當沖

　　當沖的意義很好理解，就是當天完成股票的買賣賺取價差，而可使用標的涵蓋很廣，包含股票、期貨與選擇權等，可進行做空或做多，因為其可以無本迅速賺取快錢的特色，吸引許多人爭相學習與投入。

A. 當沖的無本優勢

　　假設今天打算當沖10張50元的股票，原購入成本應為50萬，但因為當日就賣掉了，變成只要負擔其損益，後續如漲到55$，那麼除了不用負擔購入的成本還可以獲得5萬的收益，反之如果下跌至45$，也只要付其虧損5萬，對於手上資金有限的人也能帶來相當的損益，且一樣於T+2（成交後兩個交易日）後支付或取得損益，但要注意的是雖然說是無本，但其實還是要付手續費跟交易稅的喔。

B. 現股當沖

現股當沖很直覺，就是一般的買賣方式，僅需多簽署風險預告書及當日沖銷契約書即可，建議新手若要當沖採取這種方式就好。

看多：現股買進再現股賣出沖銷。

看空：現股賣出再現股買進沖銷。

但記得下單時要勾選先賣現沖喔！

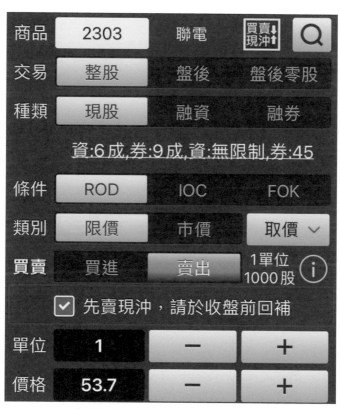

（資料來源：富邦e01電子交易系統）

C. 資券當沖

涉及資券，所以比起現股當沖要多開立信用戶，但可以增加資金使用的彈性，就像我們前面提到的，運用融資融券不用準備全額的款項就能操作較多的張數，但要注意獲利可以放大的同時虧損也可能超出自己能力所及。

看多：融資買進再融券賣出沖銷。

看空：融券賣出再融資買進沖銷。

D. 個股當沖狀態

隨著個股狀況不同，對於當沖的允許狀態也有所不同，大致分為以下三種情況：

買賣現沖：這狀況最常見，先買後賣或先賣後買都可以。

先買現沖：只能先買後賣，不能先賣後買。

禁現沖：只能一般現股買賣，無法當沖。

狀況都會顯示在下單畫面或個股名稱旁邊，以下以手機下單畫面為例：

（資料來源：富邦e01電子交易系統）

E. 理想當沖時間與標的

當沖為求迅速獲利且達到滿足的金額，把握股價的波動起伏就格外重要，而開盤至9:30通常波動都最為劇烈，另一個時段為午盤至收盤，有時候會有特定主力或大單在這個時間進場拉抬，但要留意如果操作不如預期或是要獲利了結，都得於收盤前沖銷，除非當日遇到漲停或是認為隔日還有上漲空間，也有足額款項可以扣款，不然都是額外的風險。

至於標的的選擇上，有兩大要素，一為成交量，一為價格。在成交量上，要注意不能太低，否則在短時間內因委託量太少，無法立即以理想的價格買賣，又為了成交而高掛低掛幾檔位，獲利的空間就可能被侵蝕掉，這樣對當沖來說就是個很大的問題。而價格上，較建議找100-150元的股，一來是這價格級距只要些許波動就可以帶來足夠的獲利，同前面我們五檔價量提過的，只要漲一個檔位就能有0.5$的獲利，以該價格的手續費與稅金來說，也只要漲一檔就能補回成本進而真正獲利。有些聰明的讀者可能已經想到那如果找更高價格的股票，如500-1500的，是否獲利就更容易更快速，是沒錯，甚至概略計算後也可以發現1000-1500的股也是漲一檔位就能補回成本進而獲利，但要想的是隨著單價越高，交易量也會遞減，可能會有前面提到流動性的問題。另一方面，個人的心理強度能否承受那樣劇烈的價格跳動也是個重點，心理影響決策，可能因此亂了陣腳，因此在考慮更高的價格時也得先評估個股和自身的狀況。

講到當沖，篇幅是比其他主題長了不少，因為相信這部分是滿多人會有興趣了解的，講到賺快錢總令許多人趨之若鶩，就連

當年還是大學生的我也是有熱衷過一陣子，但經過那陣子與幾年的閱歷後，我會建議新手們可以試試看，就像融資融券一樣，都值得去學習經歷，能帶給自己很多幫助跟不同的角度看股市，但不要抱有太大的憧憬或寄望靠當沖從股市不斷提款，真正在當沖中取得長期勝利，擁有正報酬的人絕對是少之又少，在疫情後的一兩年，股市大多頭，許多年輕人趨之若鶩，在社群軟體上偶爾可以看到「年輕股神們」分享自己當沖獲利的風光，但可以想見他們不會分享自己虧錢的時候，到了筆者在寫這本書的2022年，股市逐漸回歸正軌，這樣的「社群榮光」已經少了許多，可見當時只是時勢造股神，海水退了之後，真正靠當沖獲利的是所剩無幾。

股市三大分析方式

　　身為一本入門友善，為了剛接觸股市的讀者們量身打造的內容，特別用了前面的篇幅介紹了一些常見的主題，希望有為各位帶來一個平易近人的開頭，有些豁然開竅的欣喜，而從這個章節開始就是重頭戲了，我將透過這個章節替讀者們建立獨立分析股票和閱聽財經新聞的能力，也將透過這個章節實現我這本書的宗旨：「了解股市，如果我可以，你也可以！」

　　股票常見的三大分析方式分別為技術分析、籌碼分析與基本分析，首先技術分析就是各位常看到的線圖和K棒等統計數據，也是最多新手想學的部分，透過技術分析能以股票過去的價量關係對未來的進出場點有參考依據，因此我會用「When」來註解

它。籌碼分析的部分，則是可以判斷出誰在買賣與買賣的狀況，進而決定是否搭風順車或是盡早下車免得成為行情高點的冤魂，這部分我會用「Who」來註解。最後則是基本分析，可以判斷公司財務體質的好壞與股價跟公司真實價值間是否合理，明白自己在買的是什麼樣的公司，我會用「What」來表彰它。

　　希望用這三個W可以幫助讀者有個初步的概念，而在實務上建議進場前先想好自己是打算投資或投機，目的不同，各分析使用的比例也有所不同，如短線投機上，我可以完全不知道某股票的公司從事什麼業務，單就技術分析與籌碼分析就能獲利，但若能三個層面都檢視過那是絕對不吃虧甚至最為理想，因此在正式開始前，以下提供一個簡易的圖表供各位參考投機投資的差異：

　　技術分析When：研究市場過去的價量走勢來預測未來的走
　　　　　　　　　向。
　　籌碼分析Who　：研究法人或大戶的動向，做為上下車的參考
　　　　　　　　　依據。
　　基本分析What　：研究公司本業及業外投資的營運狀況並配合
　　　　　　　　　總體政經環境與產業競爭的結果。

| 短線投機：時間短、風險高、技術成分高、嚴格的操作策略 | 長線投資：時間長、風險較低、尋求價值投資、存股、看重配息配股、連續穩定的殖利率 |

| 操作策略與工具：技術分析、籌碼分析、消息面、嚴格停損停利 | 操作策略與工具：基本分析、消息面、配息配股 |

| 選股策略：技術面強勢、籌碼連續積極、題材股、轉機股等 | 選股策略：配息價差獲利雙引擎、具備連續多年穩定配息、獨占市場之企業、價值被低估等 |

技術分析 When

學會支撐壓力，掌握股價漲跌祕密

　　講到技術分析，我希望讀者們先了解兩個重要的要素，一個是支撐，另一個則是壓力，支撐有利於上漲或止跌，壓力有利於下跌或修正整理，這兩個要素可以說是股票波動的推手，背後也與人性習習相關，可以將支撐想成是貪婪，而壓力可以想成是恐懼，在放入巴菲特的那句名言：「在別人恐懼時我貪婪，在別人貪婪時我恐懼。」可以更明顯體會到上述的概念，除了後續會頻繁提到這兩個要素以外，在財金新聞上也能時常看到相關描述，如某股票遭遇賣壓，創當日新高後壓回，又或者某股票跌至季線後獲得支撐，跌幅收斂留長下影線等，都再再顯示其與技術分析密不可分，也希望未來讀者們在閱讀新聞或文章時能更加明白背後的意涵。

K棒　技術線圖的DNA

　　K棒，又稱蠟燭線，可以說是技術線圖的DNA，由它做為整個圖表的基本單位，幫助我們快速判斷股價的變化，在理解上有兩個顏色跟四個要素以及多種時間單位，並透過其形態判斷出是否具支撐與壓力，為後續走勢提供參考依據，以下將做詳細的介紹。

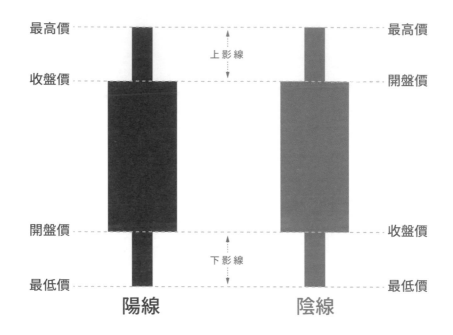

A. 顏色

　　首先，K棒的顏色可以告訴我們漲跌，如果收盤價高於開盤價會以紅色表示上漲，反之收盤價低於開盤價以綠色表示下跌，但值得注意的是在美股與虛擬貨幣，漲跌的顏色則是相反喔！

B. 四個要素與上下影線

　　從上圖可以看到，K棒的組成有四個要素：最高價、最低價、開盤價與收盤價，最高價與最低價會以上下的虛線又稱上下影線來表示，舉例來說，某股票今天開盤30元，盤中一度漲到40元但最終收在35元，那麼我們可以先以開盤價30元跟收盤價35元

的關係得知它會是一個紅K棒，而盤中一度最高到40元最後是收在35元，這部分會以上影線的部分呈現，至於下影線的部分，讀者不彷打開隨意一檔股票來練習看看它是如何呈現的。

　　這邊給大家一個K棒型態考考各位，下圖圈起處，僅有黃色線而無紅色綠色的K棒，可能是什麼樣的原因造成呢？

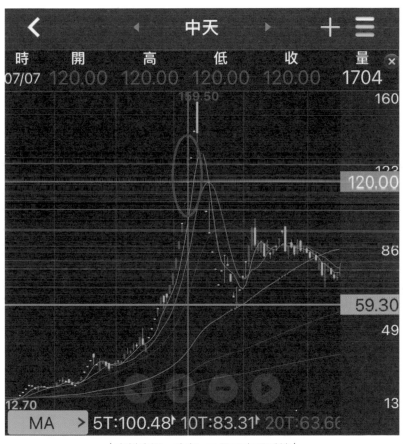

（資料來源：富邦e01電子交易系統）

各位心裡有答案了嗎？圖中的型態是由於開盤就開漲停價，一路鎖死到收盤都是漲停價造成的，所以也可以從上方看到開高低收四要素全都是120元，還有一個狀況也會造成一樣的現象，有些成交量低的個股，開盤至收盤為止價格都沒有變動，也會產生這情況。

C. 支撐壓力

接下來準備進到K棒的重點環節，前面有跟各位提到支撐跟壓力會是技術分析不斷提到的關鍵，而K棒正是可以顯現出支撐與壓力的指標之一，至於如何看出來呢，便是透過上下影線。這邊讀者可以先概略的記下來：上影線表示壓力，下影線表示支撐，如果出現上影線，股票不漲或下跌的機率較大，反之，如果遇到下影線，股票止跌或反彈的機會比較大。相信看到這邊一定有些疑惑或覺得抽象，一樣透過下圖舉例來跟各位說明。

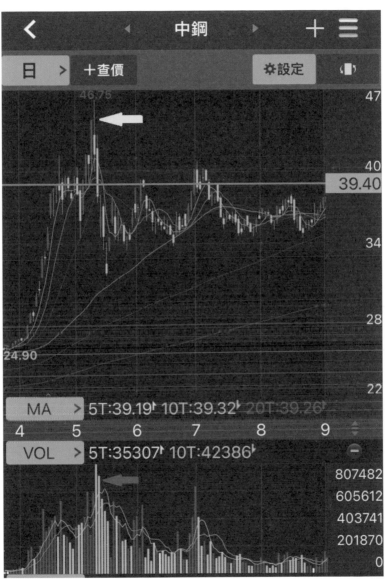

（資料來源：富邦e01電子交易系統）

　　圖中黃色箭頭處可以明顯看到一個長上影線，當天為2021/5/11，四大要素我直接寫出來，開盤價43.70，收盤價42，最高價46.75與最低價40.55，而為什麼說留長上影線可以看出有賣壓呢，重點在於當天明明有到最高價46.75，但為什麼最後僅能收在42，從這邊可以看出46.75至開盤價43.7甚至收盤價42間，市場上的投資人都傾向賣出，甚至是有特定主力或大戶於此出貨導致股價沒辦法收在最高價附近，只能一路往下跌，由此可見，上影線能表現出賣壓，而透過上圖也能看到股價在那之後就一路下跌，後續也沒有超過該高點，如果可以讀者們能學會用K棒看出當天有賣壓，是不是原先有持股的就能及時出掉免得獲利回吐或套在高檔了呢？

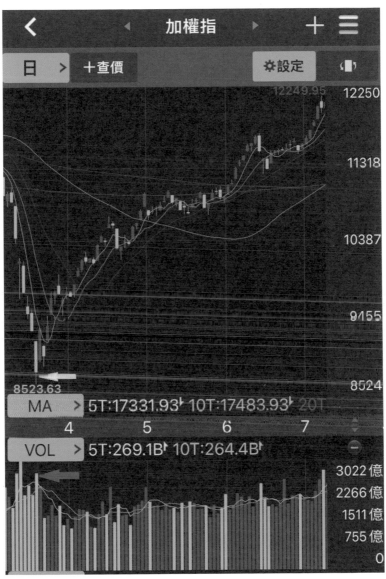

（資料來源：富邦e01電子交易系統）

這邊再舉個下影線的反例，圖為加權指數，一樣可從黃色箭頭處看到下影線，當日為2020/3/19，疫情爆發造成下殺後於該處下影線止跌反轉向上，當日大盤開9085.28點，收在8681.34，那為什麼有下影線可看出有支撐呢，原因在於當天最低是有到8523.63的，但最後卻能往上收在8681.34，肯定有低接的買盤或市場投資人認為跌幅夠深，股價夠便宜，願意進場承接，才會導致股價最後不是收在最低，反而能往上收斂157.71點，加權指數在那之後也就一路反轉向上。

很多讀者可能會心想，但周圍很多K棒也有許多型態，有的也有上影線但股價持續上漲，有的有下影線但還是持續下跌，沒錯，確實不是完全有上下影線就會往上或往下，整個技術分析都是僅供參考而已，但至於該如何提高上下影線參考的準確度，那就是要看到成交量，只要出現上下影線並伴隨特別大的成交量，那麼支撐或賣壓的參考度就越高，各位可以回到上圖Vol處對照一下，兩圖下方的成交量（後續會介紹，圖中以藍箭頭標示）都有放大的情形，成交量的放大也可以顯現出當日確實有大量的出貨或是承接，較往常一般的上下影線可能來自正常波動有所不同，因此能提升參考度。

D. 時間軸

在檢視K棒上有分不同的時間週期，都可以依照需求透過軟體去做切換，如下圖，一般來說都是以日線圖做檢視，每一根K棒代表的是一天，但若今天想看中長期的格局，或是看更久前的歷史走勢，那麼就可以切換到周線圖或月線圖，將每個K棒以周

或月爲單位去呈現，能有宏觀的角度去檢視股票，比如說若中長期的格局都是往上，那麼看一些短期日K的波動與修正就可以更安心地去持有，因爲整體而言大格局是向上。另一方面，如果今天是打算做極短線操作如當沖，那麼就可以將時間軸切換到分鐘線，如我過去做當沖較常使用的便是五分鐘線，可以在短時間內立刻呈現出K棒，好讓自己馬上判斷進出場點，做出快狠準的當沖操作。

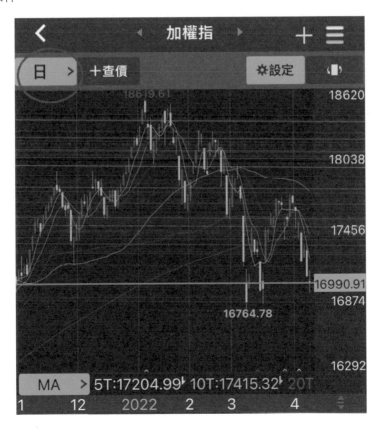

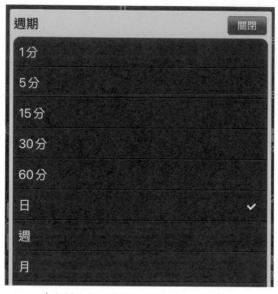

（資料來源：富邦e01電子交易系統）

　　而K棒其實還有可以深入研究的空間，透過歷史經驗的累積市場上有許多人對不同型態的K棒後續可能的走勢做出整理，如歷史悠久的經典書籍「酒田戰法」，一開始是江戶人為了預測米市行情所發展出來的工具，如今仍被部分現代投資人納為參考依據，可見其經典性，當中還為各種K線型態取上華麗的名字，如晨星線、懷抱線等，有興趣的讀者可以上網查詢或買一本來瀏覽一番。

　　但實際上是不需要如此走火入魔的研究K棒型態，若能熟悉其四大要素背後構成的心理層面，了解如何解讀支撐與壓力，那麼萬變不離其中，不用像背公式一樣去背各種型態，便能靠自己的能力去判斷。

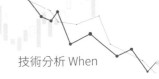

均線　透過成本掌握可能動向

　　在結束了K棒的介紹後，緊接著要來到另一個更重要的環節了，從技術線圖中除了可以看到紅紅綠綠的K棒外，也能看到五彩繽紛的線，而那個線就稱為移動平均線，簡稱均線，英文稱為MA（Moving average），這也是為什麼在線圖上都能看到MA的字樣，在接下來的部分，學習起來會比較抽象這是正常的，因此我相當建議讀者能多嘗試，透過實際操作會熟悉的更快，自然而然就不會覺得抽象難懂，而我也將透過幾個案例幫各位做練習，相信很快的就能具備獨立分析的能力。

A. 定義

　　均線的全名叫移動平均線，而其統計的平均數則是特定天數內的成交價格並將其連成線所構成，而天數一般普遍使用5日、10日、20日、60日、120日與240日，如下圖圈起處，可以看到該些天數的均線分別以不同的顏色顯示，而計算上就是加總N天的收盤價再除以N，得到第N天的算術平均線結果，如5日均線就是將最近五天的收盤價加總再除以五得出的。

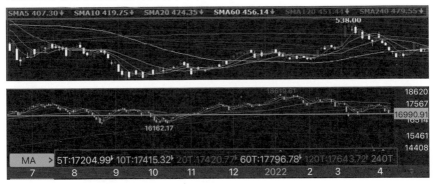

（資料來源：富邦e01電子交易系統與富邦e01）

　　很多軟體預設並不會開啟到6條線，僅會有5日線至20日線三條，可以自行去設定打開，至於天數不知道讀者有沒有想過為什麼普遍是取5日10日，不是3日、7日或23日等等呢，原因在於每周五個工作天，10日是不是就兩周，20日就是一個月，因此該些均線市場上也給了別稱，20日均線稱為月均線，60日稱為季均線，120日稱為半年線而240日則稱為年線，而月均線或季均線又常被稱做生命線，因為一般來說股票在短期上不容易跌破月均線，中長期上不容易跌破季均線，一旦跌破了，股票走勢便可能有機會轉弱，這些別稱在財經新聞或討論上都時常用上，學會之後未來在閱讀上都將直覺許多。

B. 支撐壓力

　　看到支撐跟壓力就知道重點來了，這部分就是要教各位如何透過均線來判斷進出場點，請先記住一句話：「**K棒在均線以上，均線是支撐，K棒在均線以下，均線是壓力，天數越長，支撐或壓力的效果越強**」，看完想必是覺得更抽象了，我們這邊用幾張技術線圖來說明。

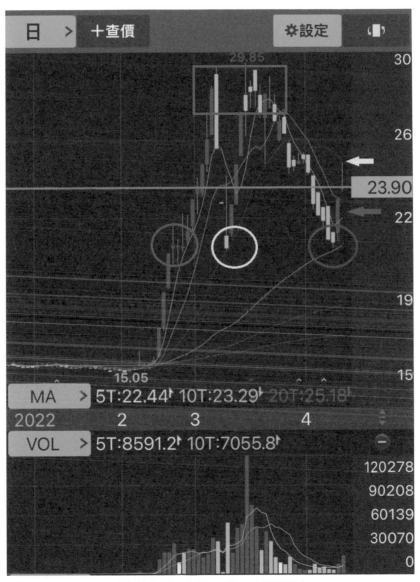

（資料來源：富邦e01電子交易系統）

　　這檔股標很明顯可以看到是隻飆股，這邊可以先跟讀者們提一個經驗，一般來說飆股上漲過程中都會沿著5日均線飆，過程中可能會做短暫的回測5日線或是等待5日線靠攏，接著繼續噴發，如圖中藍色圈起處，所以如果起漲點沒把握到的，也可以等待這種時候進場，原先有持股的也可以於此加碼，而這邊因為K棒一直在5日均線上，因此該黃色均線是他目前的支撐。

　　然而，各位可以想像**均線是道護城河**，一旦跌破了5日均線，就得向下尋求下一道護城河，下一道支撐，所以可以看到在經過多日上漲後，他直接向下首先跌破了5日與10日均線，接著直接回測了20日均線如圖中黃色圈處，到了這邊股價獲得支撐，守住並止跌，看到這邊是不是覺得很神奇，股價就真的剛好在紫色20日均線那止跌了，也就是我上面說過的生命線，也是我說過的天數越長支撐或壓力的效果越強，如果沒有學過這個技術分析的人，可能都還不知道它為什麼到了那個位置就不再跌，也無法預測它有可能跌到哪，現在有了均線可以參考支撐點，我們進出場上就能更有策略更沉著。

　　在回測20日均線後股價強勢上漲直到遇到前波高點的賣壓（詳情待後面的段落會再介紹），又向下一路跌破了5日10日與20日均線，絲毫沒有一點支撐效果，連月均線也被破了，下跌力道強勢但也可以理解，畢竟已經漲多了，主力大戶等大概也已獲利了結，三道護城河都被跌破的狀況下，讀者讀到這可以練習看看，那下一道支撐會在哪？如果已經能有答案的，相信已經對這個均線支撐的分析有些概念，也逐漸能活用，正確答案便是再下方的60日均線紅色圈起處，股價在該處獲得支撐止跌反彈，一樣

是生命線同時也是天數更長的均線。

目前為止我們都在講支撐的部分，但這檔股票的走勢其實是個很好的例子，股價獲得支撐後走到右邊數來第三根K棒，我們其實也可以看到均線扮演壓力的部分，現在不仿先問問自己，那它接下來可能可以漲到哪，剛剛說K棒在均線下方，均線是壓力，壓力便是未來上漲過程中有可能阻礙它的點，那目前有哪些均線目前K棒的上方呢？首先是黃色的5日均線，但因為是短天期均線，壓力不大，很順利的以一根紅K棒輕鬆躍過去，但可以看到該紅K似乎沒能再更高，上緣就這樣緊緊貼著藍色的10日均線如藍色箭頭處標示，很可能的就是因為遇到了該均線的壓力，以至於當大最高只能漲到該價格。再隔一天也就是最右邊的K棒，這個壓力似乎就更明顯了，股價當天最高曾漲到靠近紫色20日均線的位置同黃色箭頭處，但最後卻收一個長上影線，明顯告訴你有壓力，這個壓力來自哪呢？就是20日均線，剛剛說20日均線是個生命線，支撐或壓力的效果不小，以這張圖來分析這檔股票，後續要能從反彈格局轉變到上漲格局得先突破這道壓力關卡。到目前希望各位有比較清楚是怎麼一回事了，再複習一下那句重點好加深各位印象，**「K棒在均線以上，均線是支撐，K棒在均線以下，均線是壓力，天數越長，支撐或壓力的效果越強」**為了讓大家更熟悉如何運用，我們這邊再用下面幾個例子說明。

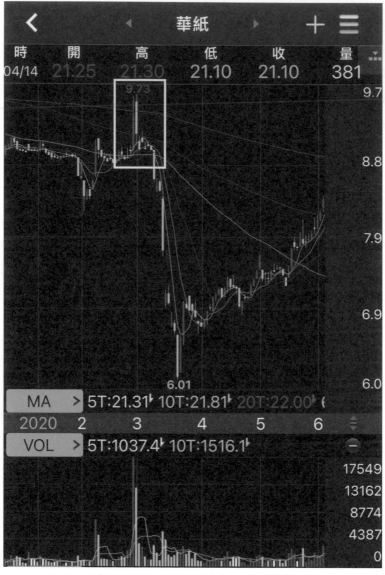

（資料來源：富邦e01電子交易系統）

　　我們可以從黃框處看到K棒在該位置試圖上攻，然而遇到了
桃紅色120日半年線的壓力與240日年線的壓力，爆量留上影線後
直接無功而返，被壓力壓回，通常這種長天期的均線，不容易一
次攻破，第一次的攻擊常常是在消化賣壓，第二次第三次就會相
對容易許多。

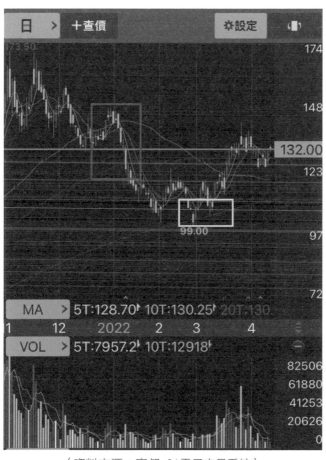

（資料來源：富邦e01電子交易系統）

　　在藍框處可以看到股價於高檔一路跌破生命線60日季均線與120日半年線，其實滿弱勢的，幾乎看不見支撐力道，然後到了黃框處可以看到這檔股票向下測了橘色的年線兩次，都獲得支撐，後續反彈面對上方壓力也都能逐步化解，直到遇到半年線後暫時壓回。一般來說多頭格局下，股票漲多漲久了一定會回測一次半年線或年線，第一次通常不容易跌破，會是個可以嘗試的買點。

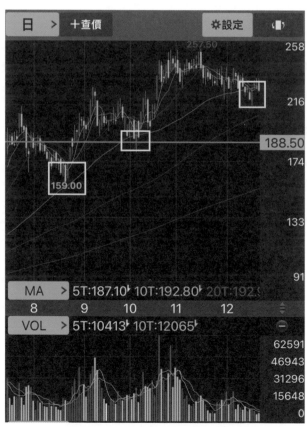

（資料來源：富邦e01電子交易系統）

　　上面三個黃框處也都可以看到60日均線帶來的支撐效果，幾次一度跌破又能迅速站回，叫做生命線不是蓋的。

　　透過一句話背公式以及幾檔股票的舉例後應該能更清楚如何透過均線來分析支撐壓力進而找到可能上漲下跌至哪裡，身為一個負責任的筆者，當然要來解釋一下為什麼會有這些支持跟壓力呢，其背後的原理是這樣的，當我們知道了特定天數內的平均成交價格（均線），是不是就可以幫助我們知道該天期內的人平均的持有成本，進而讓我們知道目前的價格（當時的K棒）相對於他們是虧損或是獲利，進而推測市場大眾可能的操作，而天數越長，虧損或獲利的人越多，支撐或壓力的效果就會越強。先以K棒在均線以下，均線是賣壓來說明，可以試著想像，如果今天進場某檔股票價格30$，進場後不幸的下跌，經過幾個月漫長的等待後終於又漲回30$，這時候你會傾向怎麼做？相信大多數人會傾向解套，套牢了許久，終於回到了自己的成本價，好不容易可以沒有虧損的解脫，而如果你會這麼做，大多數人也會，這個背後的心理就會引發賣出的行動，進而帶來賣壓，也是為什麼股價或K棒上攻碰到均線，碰到該天期內大家的成本價時不容易躍過去，但一旦躍過去就能化壓力為支撐，有利多方。

　　反之，如果今天持有一檔股票30$，進場後幸運的上漲了，然後一陣子後卻又跌回自己的成本價，這時候會傾向怎麼做呢？通常會選擇續抱或是因為仍然看好，有機會能再以自己當初的成本價買進，便可能選擇加碼，而這樣的心理和行動則會帶來支撐，也就是為什麼股價或K棒不容易跌破均線，不容易跌破該天期內大家的成本價，一旦跌破，均線就會由支撐變成壓力，不利

多方。

　　以上，便是均線的介紹和如何透過均線去判斷支撐壓力，目前各位已經學會兩個技術分析的大重點：K棒與均線，簡單複習一下，我們能透過K棒的呈現推測是否遇到支撐與壓力，而均線則是支撐跟壓力的來源之一，可以預測股價可能漲到哪或跌到哪，而這也正是大多數新手最想要學會的，那我們就準備進入下一個部分囉！

前波高點與前波低點的支撐壓力

　　一開始當然是要先介紹一下何謂前波高點前波低點，一般來說股票起起伏伏一定會有波峰或波谷，以目前K棒位置往線圖左邊看，去回溯最接近的波峰位置便是前波高點如下圖黃方框處，而前低的話一樣的方式去回溯最接近的波谷位置就是前波低點如下圖藍方框處，如果再更前一次的前高便是黃色圓圈處，相反的再更前一次的前低則是藍色圓圈處，這部分不用很細看前高前低一定會是多少價格，只要能抓出該區域附近大概落在多少價格即可。

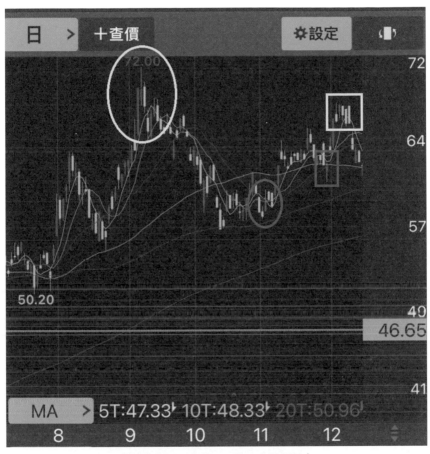

（資料來源：富邦e01電子交易系統）

　　而最重要的支撐壓力怎麼看，很簡單一樣先記下來：「**前波高點是壓力，前波低點是支撐**」，K棒上漲過程與到前波高點就有可能遇到阻礙，而下跌過程中遇到前波低點，就有機會止跌，

因此一般來說操作的原則是：1.股價如果超越前高表示壓力化解就買進或續抱。2.股價如果無法突破前高表示壓力無法化解，選擇賣出或不買進。3.股價如果跌破前低表示支撐力道不足就不買進或放空。4.股價如果沒跌破前低表示支撐存在就可以買進或續抱，我們接下來一樣用幾張圖表做舉例。

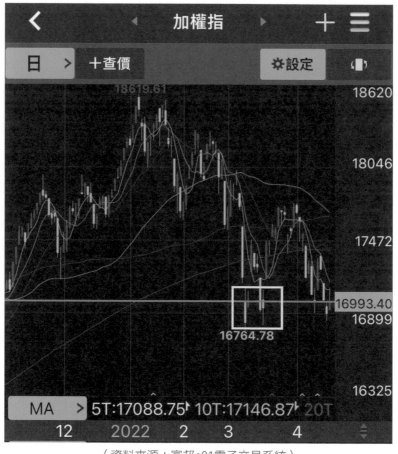

（資料來源：富邦e01電子交易系統）

　　上圖是2022/4/19大盤的走勢，可以從當日的K棒位置發現加權指數已經來到相當接近前低黃框處的位置，該區域是個支撐點，應有機會在這位置止跌，如果不幸跌破表示支撐力道不足，指數便可能繼續下探。

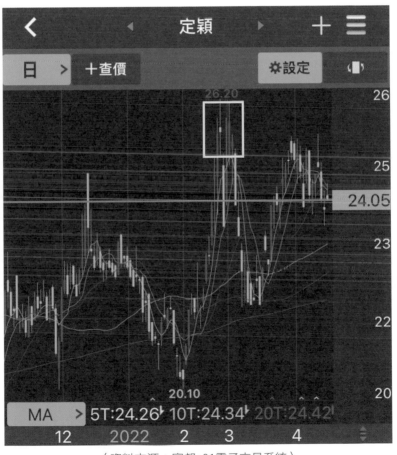

（資料來源：富邦e01電子交易系統）

以這檔定穎來做個反例，可以看到股價自3月中持續上漲至4月初，然而在這個位置為什麼卻漲不上去，反轉向下呢，原因很可能在於遇到前波高點的壓力，即黃色方框處，所以如果股票上漲過程中靠近前波高點，都值得留意能否突破，若不能突破往往就反轉向下，視為一出場點，反之則可以續抱。

當然，除了教各位如何從前高前低判斷支撐壓力，也要說明一下背後的原因，其實概念跟均線很雷同，都是跟投資大眾的盈虧與交易心理有關，以前波高點是壓力來說，可以得知一定有不幸的投資人買在前波高點的價位，如上圖定穎25-26元一帶，後來股票便往下跌，那些人就開始套牢，經過近一個月的等待後股價終於又漲到了他們的成本價，他們會傾向賣出解套而這個行為就會造成賣壓。反之，前波低點一定是有投資人認為股價夠便宜且後續應有機會上漲，買進後造成股價止跌反彈，然而經過一段時間後股價又掉回當初的成本價，對於當初看好他且認為夠便宜的人，這是個再次撿便宜的好機會，因此他們會傾向續抱或是再加碼，這樣的行為就會帶來支撐，是不是跟均線很類似呢。

結合三項工具完整分析支撐壓力-K棒、均線與前波高低點

在學完K棒、均線與前波高低點後，現在最重要的學會如何結合在一起看，甚至有些讀者讀到這心裡就不禁在想，那我支撐跟壓力到底要看哪個指標的，答案是結合起來一起看，都是支撐與壓力，都是判斷可能上漲跟下跌到哪個好工具，以下我們實戰

演練一下，就能更清楚如何綜合分析。

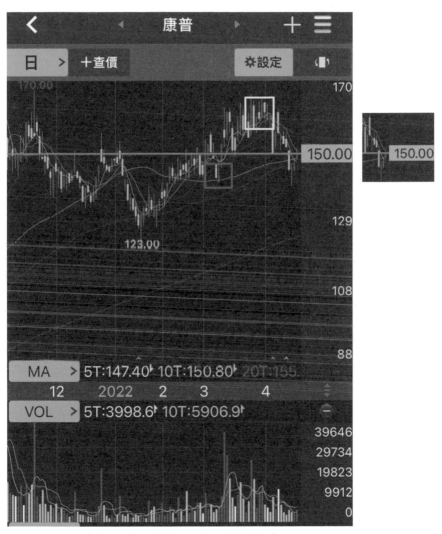

（資料來源：富邦e01電子交易系統）

股Morning
一日之計在於晨，股票新手靠這本

　　該圖是康普至2022/4/20的走勢，首先我們先透過均線抓出當前的支撐有K棒下方三條均線，依序為淺藍色的60日季均線（148.58），黃色5日均線（147.40），最後是桃紅色的120日半年線（147.08），而更下方的橘色240日年線（123.8）也是支撐但因為離目前價格還有很大的距離，我們先不特別看，接著壓力部分則是K棒上方的深藍色10日均線（150.80）與紫色20日月均線（155.85），前波高點為黃框處約165，前波低點為藍框處約142-143。其實這張圖一映入眼簾就已經可以看到前幾天一度跌破半年線但剛好遇到前波低點，隨後馬上站回，今天漲至上方壓力10日均線就遇壓力收斂留上影線了，至於接下來的走勢怎麼看，其實目前仍屬反彈格局，上方首先要先突破深藍色10日均線（150.80）與紫色20日月均線（155.85），順利突破的話就是看再下一關的壓力，前波高點165左右，而目前下方剛測完均線獲得支撐，若要做多是可以進場試試看，先守下方淺藍色的60日季均線（148.58），如果下方幾道支撐陸續跌破就可以停損出場，可以看個人需求設定。

　　透過這樣一道道護城河一道道關卡分開來看，是不是就能更清楚知道漲到哪可能會遇到阻礙，需要特別攻擊突破，跌到哪可能止跌獲得支撐，對於何時該進何時該出能比較有概念，也逐步具備獨立分析股票走勢的能力，為了讓讀者更熟悉，我們再試一個案例，同時間讀者也可以針對自己既有的持股試試看這套方式。

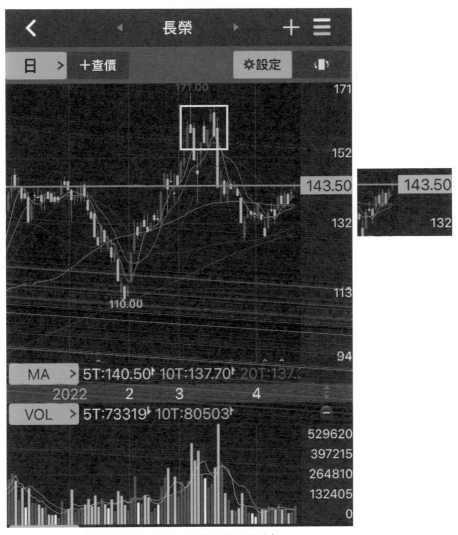

（資料來源：富邦e01電子交易系統）

我們一樣的方式來看，目前長榮2022/4/20的走勢，上方完全沒有均線，但這樣就沒有壓力了嗎？不對，還有前波高點的壓力大約167-170，但上方沒有均線壓力絕對是好事，阻礙的力量少很多，目前格局很不錯，均線都在下方化作支撐，可守第一道防線，黃色的五日均線140.50，等於下跌最多抓143.50至140.50這段，但上漲有機會到167-170，若不幸跌破下方支撐則要留意再往下探的可能，尤其更下方的半年線與年線更是重要支撐關卡。

以上，是結合三個指標的分析方式，往後都可以用這樣的方式去判斷股價可能的漲跌幅做為自己進出場的依據，普遍新手遇到的問題就是抓不準下一個支撐壓力在哪，其實就是一道道關卡來看，上面首先會碰到什麼，下面首先會碰到什麼，一開始接觸會覺得有些抽象，所以我很建議這部分多用實務操作去領略，相信很快就能化作本能，一張圖表一打開馬上就能有個概念映入自己腦袋。

成交量

成交量又稱Vol（Volume），可以呈現當天成交的總張數，很多新手會誤以為成交量是人數，這部分要注意。而組成股票波動的兩個重要要素是價量關係，也就是供需的關係，透過K棒均線我們可以得知價，那透過成交量就能得知量，K棒均線可以用錢做出來，但只要要用到錢去堆，自然就會反應在成交量上，因此技術分析中也流傳著一句經典名言：「股市裡充斥著各式各樣的騙子，只有成交量是唯一的例外。」也有人把成交量稱為股市

照妖鏡，可想而知爲什麼幾乎所有線圖下方都預設成交量作爲副
圖指標，甚至也有不少書籍專門寫如何透過成交量去推測主力動
向和走勢。

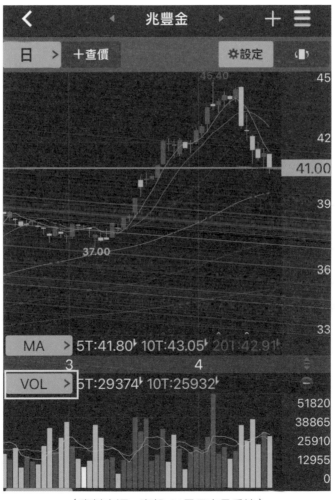

（資料來源：富邦e01電子交易系統）

A. 價量常見型態與原因

價漲量增：通常發生在股票起漲階段，股票交易逐漸活絡，同時買方願意用較高價積極買入股票，放量的同時股價往上，未來有機會再往上漲，偏多看待。

價漲量平：股價上漲中，但量卻持平沒有出來，表示多方拉抬意願不強，這種時候要留意空方是否加強力道，如果沒有增強那可能走向緩漲或整理，但如果增強就可能取得主導權，要留意風向的改變。

價漲量縮：股價上漲至高檔，量卻越來越少，表示追價意願不足，屬於價量背離，有可能轉弱下跌，有時反彈格局也會出現這樣的型態。

價平量增：有兩種狀況，股價不漲而量不斷增加，可能是主力默默在吃貨，刻意先不拉高價格或進攻，等時機一到再做突破，另一種則是意圖放量上攻但同時又有賣壓壓住，導致股價上不去，時間久了股價就回頭了。

價平量平：股價不漲而量也不動，後續下跌或整理的機率較高。

價平量縮：如果是上漲格局，股價開始不漲而量不斷減少，顯見缺乏主力或多方不積極，難以延續格局，未來股價可能下跌。若發生在下跌格局，則可能是股價逐漸落底轉趨穩定，後續若多方願意再加把勁，則可能反彈向上。

價跌量增：股價下跌中，量卻不斷增加，概念類似價漲量增，仍可能繼續往下。

價跌量平：股價仍在下跌，卻沒有什麼量，表示看不見多方承接的力道與意圖，股價可能持續走跌。

價跌量縮：市場交易冷清，多方沒意願買入股票，而賣方賣不出股票，只好以較低的價格賣出，股價有機會再下跌。

以上為常見的九種價量型態，但價量關係其實很難概括，變化很多樣，且即使出現上述各種情形，都必須要搭配當時的個股或大盤，不會百分之百如同上面所說的去走，很容易有不同的解釋及判斷標準，但仍可以上述的型態作為參考，未來在看價量關係時也比較容易有概念。

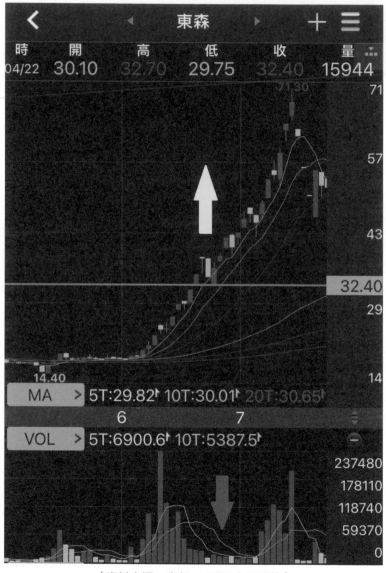

（資料來源：富邦e01電子交易系統）

簡單舉個理論與實務上有落差的例子，可以看到上面是個價漲量縮的狀況，理論上是屬於價量背離，有可能轉弱下跌，盡信理論的人早已賣出，但實際上卻是持續上漲，市場積極樂觀看待，賣方惜售，買方又多次以更高的價格甚至漲停價買入，以至於即使價漲量縮，走勢是不跌反漲喔。

B. 成交量顏色

各位可以發現到成交量也是有紅色綠色，但要注意成交量的紅綠色是有可能跟K棒的顏色不同，因為兩者的定義不一樣。K棒紅綠色是來自開盤價與收盤價間的關係，而成交量則是今日收盤價與昨日收盤價的關係，也就是說如果當天開盤價18元，收盤價15元，這樣K棒是綠色的，但假設昨天收盤是13元，當天的收盤價是15元，因為當天比昨天高，成交量就會是紅色的。

股Morning
一日之計在於晨，股票新手靠這本

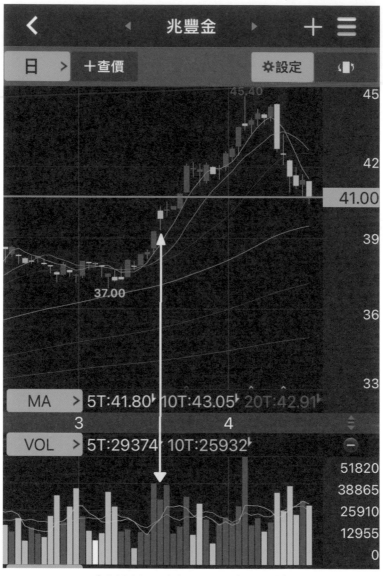

（資料來源：富邦e01電子交易系統）

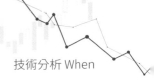

C. 爆大量反轉，捕捉頭部底部

學習成交量務必記住一個觀念：「只要成交量特別大，都要特別注意」。

通常我們在高檔如果遇到爆大量的狀況，常常是頭部要成形，股價要向下反轉的訊號，反之如果在低檔出現爆大量，則是底部成形，股價要向上反轉的訊號。原因在於上漲時，多空力道分歧，多方尤其散戶還願意追價，但同時間可能也有人認為漲多了或主力大戶在倒貨出場了，兩邊的量能加起來就會特別大。反之，下跌時，多空力道分歧，有人看到價格越跌越低選擇認賠賣出股票，但同時間也有特定買盤或一般投資大眾看到價格過低，股票被低估，積極買入股票做承接，兩邊加起來造成成交量異常放大。

股Morning
一日之計在於晨，股票新手靠這本

頭部案例（前面也有提過，如果留上影線成交量又特別大，參考度就越高）。

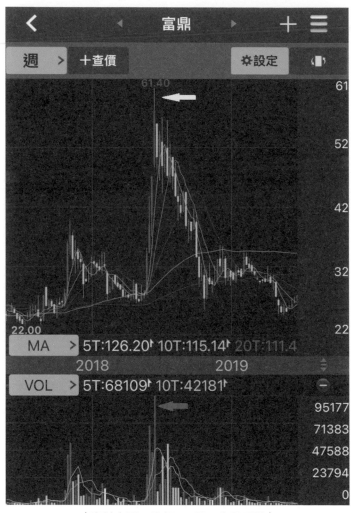

（資料來源：富邦e01電子交易系統）

底部案例（前面也有提過，如果留下影線成交量又特別大，參考度就越高）。

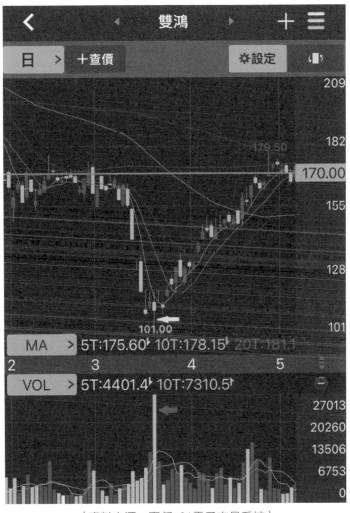

（資料來源：富邦e01電子交易系統）

KD、RSI與MACD　技術分析必學副圖指標

　　到了這邊，技術分析最重要也比較困難的地方已經度過了，接下來要介紹的是常見的幾個副圖指標：KD、RSI與MACD，雖然名字看起來有點藝術，但實際上難度低很多，也是我以前接觸股票最先學習到的工具，那時候就像第一天拿到駕照一樣開心，以為自己掌握了股票的致勝密技，巴不得趕快上路試試，照著書上說的：「KD黃金交叉買進，死亡交叉賣出」，結果錢還沒賺到，倒是先深刻體會到技術分析僅供參考，接下來將透過介紹一起來看看當年我是如何用他們買進賣出的，以及使用上有哪些地方要注意的，工具學會的越多當然是越好，搭配起來嘗試就能找到自己最習慣的工具和使用方式，而這些工具也是技術分析上必學的，了解後你就像加入了這個圈子，能大聲的跟別人說你會技術分析。

　　首先，為了方便理解差異性，這三個指標我會依照敏感度排序，最敏感為RSI，其次KD，最後MACD，但我自己的喜好跟推薦新手的程度是剛好反過來，最推薦MACD，接著KD，最後才是RSI，至於什麼是敏感程度呢，就是這幾個指標對於股價波動的反應程度，越敏感的會越容易反應，訊號也比較立即或可以說是比較雜亂，而使用方法上相當類似，會了一個其它都會了，那我們就從最常被人提及的KD開始吧！

KD：

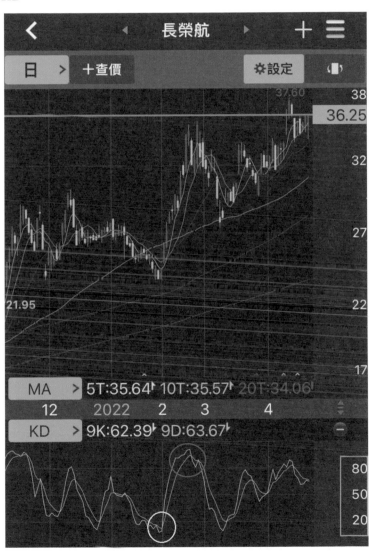

（資料來源：富邦e01電子交易系統）

　　計算原理採納一定時間內的最高價與最低價，因此可以靈敏地反映出價格的變化，對於計算方式大概有印象即可，實際上學會如何使用最重要。可以從上圖看到KD值有兩條線，一條為黃色的K值一條為藍色的D值，K值波動會比D值大，所以當K值與D值交叉時會產生所謂的買進或賣出訊號，記住重點：「**當K值由下往上穿過D值時，稱為黃金交叉，視為買進訊號；當K值由上往下穿過D值時，稱為死亡交叉，視為賣出訊號。**」從上圖我大致圈了一處黃金交叉和死亡交叉，分別是黃圈和藍圈，但讀者們同時也可以發現整個KD圖中，有好幾處黃金交叉死亡交叉，甚至有的今天死亡交叉隔天就又黃金交叉，那就等於我今天賣了明天其實又能買進，太過短進短出，會把自己搞得不知如何是好，還有許多時候是黃金交叉但股價不漲或死亡交叉股價不跌，而這就是我前面所說的敏感度，因為較敏感的關係，很容易股價有些波動就表現出來，導致訊號比較雜，那面對這樣的狀況這個指標有沒有更好的使用方式呢？

　　有的，就是透過找**較為極端或長周期**的方式避免掉雜訊。

　　各位可以看到副圖旁邊還寫著20，50，80，一般來說KD大於80時，為高檔超買訊號，市場過熱，KD小於20時，為低檔超賣訊號，市場過冷，是屬於比較極端的狀況，那我們為了增加交叉的確度，可以改為只看低檔的黃金交叉和高檔的死亡交叉，也就是黃金交叉發生在20以下的位置，死亡交叉在80以上的位置我們再採納，可以發現會出現在這些極端位置的交叉就少了很多，而上圖的黃圈和藍圈就正是符合這樣的條件，也能看到上表主圖的K棒也確實就在黃金交叉後上漲，死亡交叉後下跌，如果們能

透過這樣的買進賣出，就能賺到一個波段，避免被過多的雜訊給自打臉或疲於奔命。

　　另一方面，長周期的方式是什麼呢？就是拉長時間軸來看，下圖我們調整到了周線圖，可以看到KD值得雜訊也變少了，基本上黃金交叉時股價都是上漲，死亡交叉時都是下跌，而且透過拉長時間軸我們能更容易的掌握到大波段，好讓我們抱股抱得住，避免被一些小的震盪給洗出場。

股Morning
一日之計在於晨，股票新手靠這本

（資料來源：富邦e01電子交易系統）

　　所以透過這兩種方式我們可以更優化KD的使用，提升這個指標的參考性。

　　除了交叉以外，還有個重點叫做**鈍化，即KD值在高檔或低檔區連續3天，就表示行情可能續漲或續跌**。就像下圖長榮的KD指標，可以看到指標在高檔處糾結多日，上漲行情就持續，但同時間也要注意有時候這是我們上面提過行情過熱的表現，得依照個股狀況去判斷。

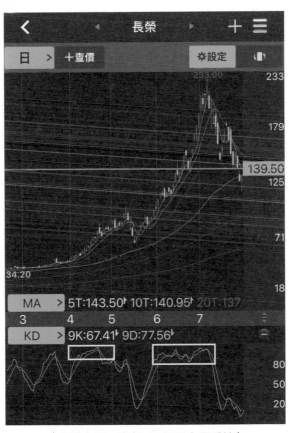

（資料來源：富邦e01電子交易系統）.

RSI：

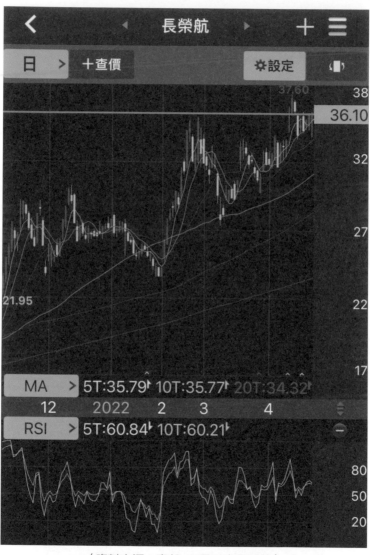

（資料來源：富邦e01電子交易系統）

　　很直觀的，從上圖就能直接看到RSI明顯敏感許多，訊號顯得更為複雜，其原理是以某段時間股價的平均漲跌幅所計算出來，RSI越高代表市場越熱，越小代表越冷，使用方法主要有兩個，一個是透過RSI大於80時判斷為超買訊號，**行情有可能向下反轉，小於20時判斷為超賣訊號，行情有可能向上反轉。**另一個使用方法則跟KD一樣，**黃金交叉買進，死亡交叉賣出**，所以我說會了一個以後其它自然也會了，但在RSI上各位可以從上圖中大概看出來，如果真的照著黃金交叉買進死亡交叉賣出會更容易無所適從，因為訊號太過敏感，短時間內迅速的各種交叉，所以這邊我們一樣可以透過找極端值和拉長時間軸去消彌掉這相當敏感的特性。然而，雖然聽起來這指標使用上有些不討喜，但因為其能隨股價快速反應的性質，對於當沖這種需要短時間內進出的人反而有一定的參考性喔，如下圖，我們把時間軸切換到5分鐘線，一般來說當沖的都會採用分鐘線，可以看到這時候下方的RSI若依照交叉點去買進賣出，其實是有機會在短時間內獲利的，反而是KD值因為沒有它敏感，即使換到分鐘線可能使用上仍沒有RSI來得有效率喔！

股Morning
一日之計在於晨，股票新手靠這本

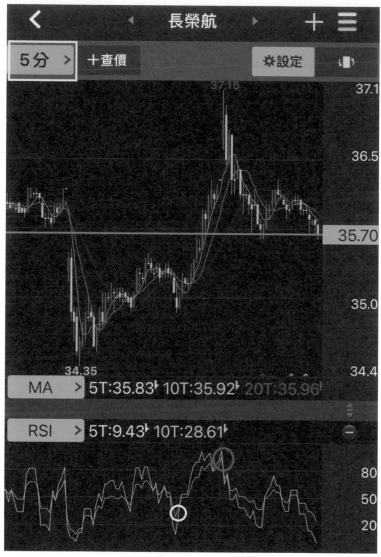

（資料來源：富邦e01電子交易系統）

MACD：

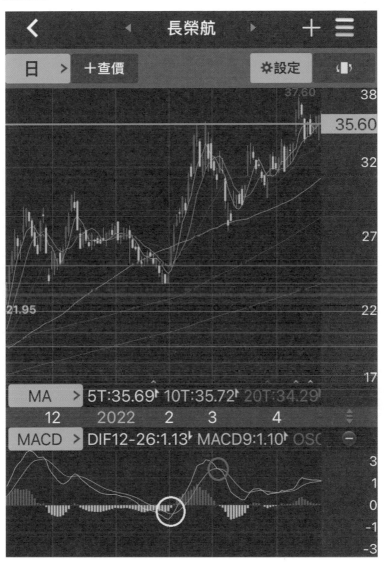

（資料來源：富邦e01電子交易系統）

接著就來到最不敏感的MACD了，一樣很明顯的從上圖可以發現底下的波動雜訊少很多，幾乎跟上面的主圖是一個模子印出來的，由DIF與MACD兩條線以及柱狀體組成，使用方法很簡單，**一樣黃金交叉買進死亡交叉賣出**，可以從圖中看到幾乎黃金交叉處股價就漲，死亡交叉處股價就跌，因此我很推薦新手採用這個指標，使用容易且幾乎照著做就能獲利，即使沒獲利也可以避免虧損太多，是個平易近人又能掌握到波段的工具，而且同樣可以拉長時間軸來做使用，如果周線圖或月線圖出現黃金交叉那是更容易出現一個中長期的波段漲幅。另外這個指標跟另外兩者最大的不同就是多了柱狀體，透過柱狀體我們可以感受到多空力道的轉折，想像是在爬山，當山丘到了頂點原本上漲或下跌的力道就可能開始減弱了，因此我們習慣將柱狀體由負轉正，視為買進訊號，柱狀體由正轉負，視為賣出訊號，但這個我認為當作附加的功能就好，主要還是參考DIF與MACD線的黃金交叉和死亡交叉。

布林通道　用通道看門道

目前我們常見的副圖技術分析指標已經介紹到一個段落了，然而除了副圖指標有許多可以切換的工具外，其實主圖指標也有，先前我們提過了均線MA，它是目前最主流的最普遍用於市場上的主圖工具，包括虛擬貨幣也是許多人以它作為分析依據，但有另一項工具曾經在台灣紅過一陣子，那時進到書店，投資類型的熱銷或主打區都可以見到四個字：「布林通道」，英文稱作

Bollinger Band，在均線行之有年，甚至可以稱得上是骨灰級的必修課，突然有個這樣的新工具自然是備受大家追捧，眾人莫過希望自己能第一時間學到別人所不知道的密技，在金融市場上搶得優勢，近幾年雖然熱潮退了，但仍有一票死忠粉絲將其奉為圭臬，也可說它是市場上第二大宗的主圖指標，既然有其魅力與參考性，接下來就讓我們來一探究竟這神奇的通道吧！

股Morning
一日之計在於晨，股票新手靠這本

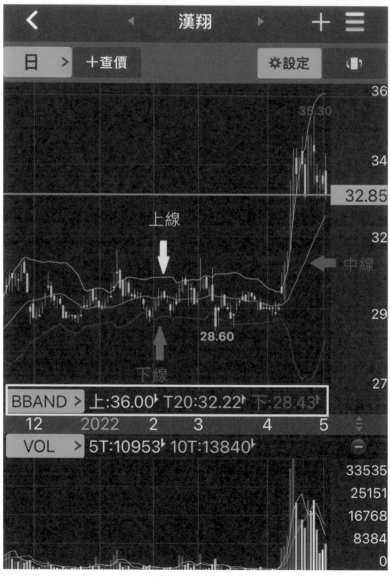

（資料來源：富邦e01電子交易系統）

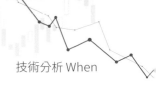

　　布林通道其組成是透過三條線，分別為上線、下線與中線，而其原理是結合了標準差的概念，也是我最佩服發明者John Bollinger的地方，它取了20日均線作為平均值，這個我前面提過重要的生命線，能顯示出股價短中期的趨勢與方向，並依據常態分配，抓出加上兩倍標準差的數值作為上線，減掉兩倍標準差的數值則作為下線，這樣的範圍會包含95%的K線，這部分各位在高中的數學課應該都有學過，雖然我知道大部分的人都忘記了，但沒關係，簡單來說K棒有95%的機率會出現在上線跟下線包圍的這個通道內，如果超出了上線或下線都是少數的特殊狀況，K棒很快地就又會跑回通道內，這樣的統計結果也給了股價變化的範圍一個依據，而我們又能透過中線來看出股價的走勢是往上或往下，所以說這個通道是結合了趨勢與範圍，也能帶給我們幾項關鍵的訊號作為進出場依據。

A. 上線是壓力，下線是支撐

　　延續我們上面提到的，K棒幾乎都只會在上下線的範圍內跑動，因此當K棒試圖要衝出上線時，就會被壓回去，而跌破下線時又會被支撐上去，透過這樣的支撐壓力我們也能掌握到股價會漲到哪跌到哪，如下圖圈起來的幾個地方，都可以看到K棒一度要超出去但又很快的被壓了回來，但有個情況反而是例外，也是運用布林通道的好方式，稍後會為各位介紹所謂的順勢觀點。

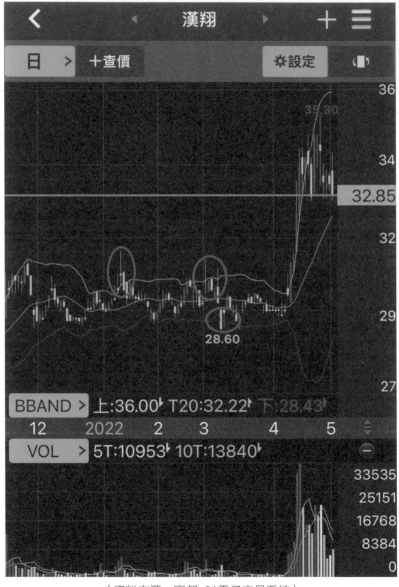

（資料來源：富邦e01電子交易系統）

B. 中線為核心的逆勢觀點

　　在使用布林通道上普遍分為兩個觀點，一個是逆勢一個是順勢，而逆勢觀點是以中線作為出發點，認為K棒在碰到上下線後就會傾向回歸中線，這部分跟我們上面提到的觀念很接近，各位可以將中線想像為狗主人，而K棒想像成狗，當狗跑到上下線的位置時，狗主人就會覺得它跑太遠了，傾向把牠拉回身邊，而透過這樣的慣性我們就能抓到進出場點進而獲利，也可以整理出以下策略。

當K棒於下跌段中脫離下線或跌至下線以下，可以視為買進
訊號，預計將會反彈至中線位置

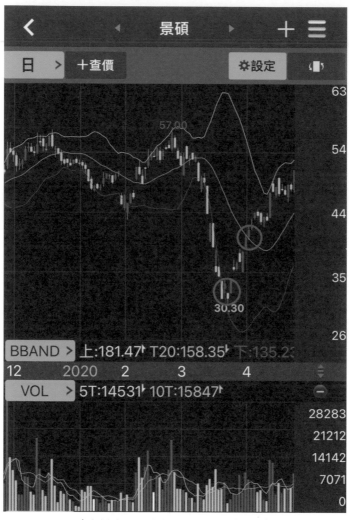

（資料來源：富邦e01電子交易系統）

當K棒於上升段中脫離上線或漲至上線以上,可以視為賣出訊號,預計將會修正至中線位置

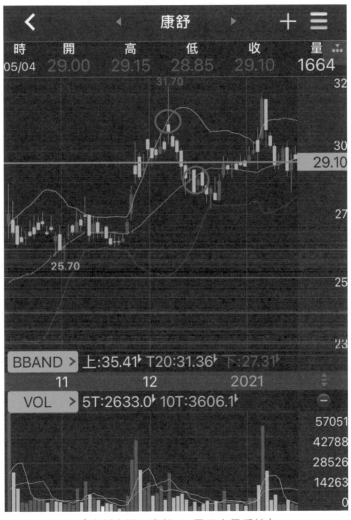

(資料來源:富邦e01電子交易系統)

股價在上線跟中線之間，代表股價走勢偏多

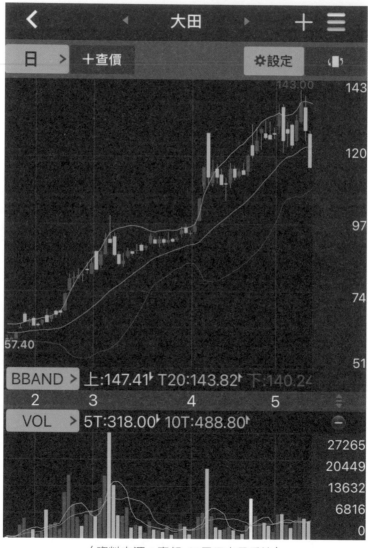

（資料來源：富邦e01電子交易系統）

股價在下線跟中線之間，代表股價走勢偏空

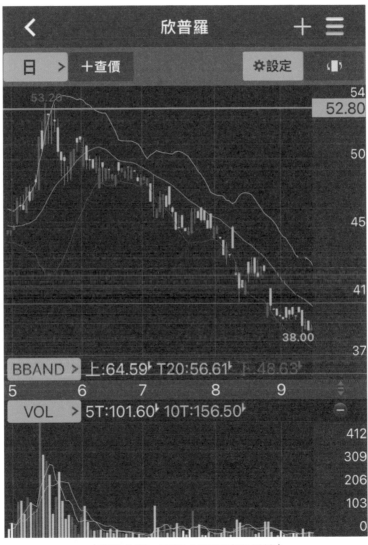

（資料來源：富邦e01電子交易系統）

C. 掌握通道開口放大的順勢觀點

　　布林通道還有個最常為人所用的操作方式，就是抓住通道開口從窄小至放大的時候進場做多或放空，而打開前通道縮得越窄越久，後續爆發力通常越強，其實這部分跟MA所謂的盤整是非常雷同的，當均線糾結在一起，股價高不高，低不過低，便是盤整，也正是這型態會使得布林通道出現窄小的通道，可說是不謀而合，殊途同歸，使用上**若通道打開後K棒是向上，一般視為買進訊號，此時若股價夠強勢K棒則會持續上黏上線，一旦K棒脫離上線則視為賣出訊號。**

　　如下圖，藍色箭頭處一根跳空開高的紅K打開了通道，後續持續強勢上黏上線，可續抱至K棒脫離上線後再賣出，即黃色箭頭處，這樣便能透過布林通道抓住整個漲幅。

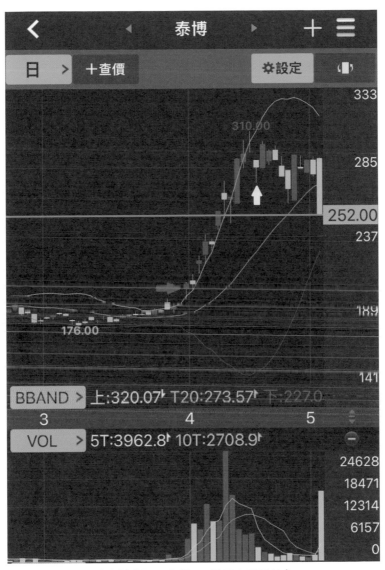

（資料來源：富邦e01電子交易系統）

　　反之，若通道打開後K棒是向下，一般視為賣出訊號，此時若下跌夠強勢K棒則會持續下黏下線，一旦K棒脫離下線則視為買進訊號。從下圖可以看到藍色箭頭處K棒往下走跌後通道也隨之打開並開始下黏下線，若要做空的可於該處開始動作，而做多的則避免於此時進場，做空的可續抱至K棒脫離下線的黃色箭頭處再行回補，而做多的則可於此時嘗試進場撿反彈。

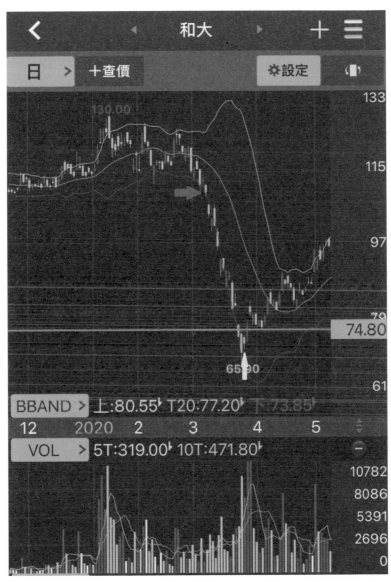

（資料來源：富邦e01電子交易系統）

常見技術型態　時常重複出現的股市現象

到這邊技術分析已經告一個段落，常見的工具都做了介紹，而以下將舉一些常見的技術型態讓各位做個參考，一方面做個結尾，一方面幫助讀者未來在看線圖時能有些樣本或模板能迅速反應到可能的走勢。

A. 短中長期均線向上（均線齊揚）

當線圖出現各均線同時向上時，意味著短中長期的格局都正向上翻揚，往往都是**波段起漲的訊號**。

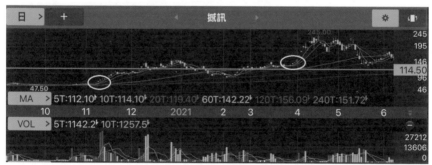

（資料來源：富邦e01電子交易系統）

B. 箱型整理

股價除了上與下，還有盤整時期，定義為股價高不過高低不過低，形成一個類似箱子的整理範圍，這種時候籌碼沉澱中，醞釀一段時間後一旦K棒向上突破箱型上緣或跌破箱型下緣都容易爆發力十足，形成波段漲跌勢，類似布林通道開口打開的觀念。

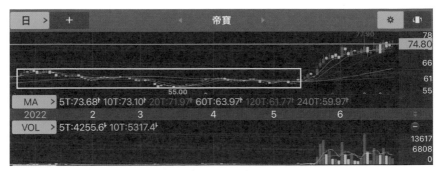

（資料來源：富邦e01電子交易系統）

C. W底與M頭

技術線型中有兩個經典的型態，分別是可能代表股市行情來到最高點的M頭與行情可能來到谷底的W底，實際上要怎麼判斷又為什麼W或M的出現往往是股票即將反轉的型態呢，其實觀念跟前面提過的前波高低點的支撐壓力是一樣的，我們透過舉例來讓各位理解。

股Morning
一日之計在於晨，股票新手靠這本

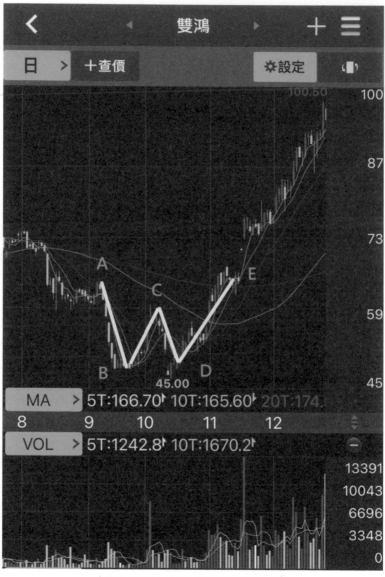

（資料來源：富邦e01電子交易系統）

　　如上圖，可以明顯看到一個W的形狀，首先股價自A點開始下跌，跌至B點時有些投資人開始認爲跌得夠便宜了選擇進場，因此股價止跌反彈至C點，然而此時漲到了這位置便遇到了前波高點A的壓力，先前一定有人套牢在A點此時想要解套，因此在賣壓出現下股價又跌到了D點，那爲什麼在這邊又止跌沒繼續往下跌呢，因爲遇到了前波低點B點的支撐，當初願意在B點撿便宜進場的人這時候又回到它們成本價，很可能選擇再次加碼買進，於時股價又反彈至了E點，到了這位置就很關鍵了，E點又碰到了前面A跟C點的壓力，然而如果此時能突破這壓力表示買盤夠強勁且前面的壓力也多少在C點那次的反彈中消化了些，因此若**W的右邊比左邊高，做個正式的突破，那麼就確認底部成形，行情將反轉向上**。

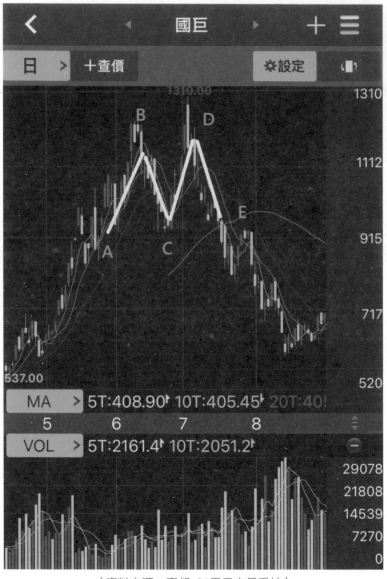

（資料來源：富邦e01電子交易系統）

反之，W轉過來是不是很像M呢，M是頭部型態的代表，股價從A漲至B點，投資人開始認為漲多了便獲利了結，於是股價下跌至C點，此時又有投資人仍看好他認為還有行情便選擇逢低進場，而於A點願意買進的人此時也是到他們的成本價，也可能選擇加碼試試，於是股價又上漲至D點，然而此時遇到了前波高點B點的壓力，一定有人套牢在B點於此時解套，如果多方力道不夠強就會轉為下跌，跌到E點時就關鍵了，如果這邊被跌破表示賣壓真的強過於前面兩個低點A與C的支撐，造成**M的右邊比左邊低，那麼M頭正式確認成形，行情將反轉向下。**

到這邊技術分析已經告一個段落，迅速為各位總結和複習一下，我們前面提過了技術分析的基本構成單位K棒，透過它四要素的變化我們能得知當下是否遇到支撐和壓力，也有不同的時間軸能切換至週K月K讓我們有更宏觀的角度去看線圖。接下來更進階至MA均線圖，介紹了各天期的均線並以K棒和均線的上下關係推測會遇到的壓力跟支撐點，這樣讓我們進出場上有更好的依據，能大概知道可能跌到哪與漲到哪。同時，以上都可以搭配股市照妖鏡：成交量，去提升參考性，如果異常放大都值得注意，而光成交量本身也有各種價量關係可以研判可能的走勢。作為學過技術分析的人來說，我們自然不能落於人後，大家必學的KD、MACD和RSI一定要放入工具庫，以個人需求去採用不同敏感度的指標，搭配基本的黃金交叉死亡交叉做使用，可以說是最陽春但也最好上手的進出場判斷指標。最後，除了主流的MA外也有備受不少人愛戴的布林通道，為主圖指標帶來了不同的選擇，有

逆勢觀點的搶反彈搶修正和順勢觀點的把握通道放大的瞬間，都是可以用它來抓出進出場點的好方式。

　　技術分析，就像筆者一開始說的是個判斷When的分析方式，能以統計學將歷史數據做個整理，爲預測未來帶來一盞明燈，不過也得記得它不是100%準確，任何技術分析工具如果可以完全精準預測，那麼人人都會想掌握，一旦大家都掌握了，沒有輸家沒有贏家，那基本上那個工具也就廢掉了，所以最後還是要看各個投資人找到自己習慣且擅長的工具去做運用，我自己到後期是返璞歸眞，經歷了一些學習上的改變，讀了些經典的書籍，選擇簡化我採納的工具，爲我分析上帶來了改變，勝率也更加提升，如今大多時候技術分析只會看K棒均線與成交量，也希望讀者們能找到自己理想的分析方式，而技術分析的工具除了我們介紹過的以外還有百百種，有興趣的也可以再去額外學習，緊接著我們將進入判斷Who的籌碼分析。

籌碼分析 Who

　　籌碼分析是在分析股票背後甚至大盤背後在買賣的交易者身分，透過掌握買賣者的動向我們得以作為買賣的參考，例如當大盤面臨外資連日的賣超那麼當時的盤勢可能易跌難漲，這種時候就可以選擇較為保守的策略，又或者當我們看到某個股投信連日積極買超，也許就可以考慮搭上順風車賺取獲利，畢竟有人當推手股票自然容易上得去。而籌碼分析也是非常適合搭配技術分析一起看，常常技術線型很漂亮但股價卻不漲反跌，若瞭解籌碼分析往往一看就能知道原來是籌碼呈現出貨的狀況，那自然是再漂亮也上不去了。接下來我們將從介紹籌碼類型開始，到如何追籌碼，一一為各位介紹。

籌碼從哪看

　　每天下午證交所會於3-5點陸續公布盤後籌碼，大部分國內的券商APP都會於4：30至5：00陸續更新於系統內，會分類於介面中「個股盤後」或「籌碼分析」等項目，大盤也會有總體的盤後法人買賣超如下圖，請養成好習慣與對自己的持股負責，每天都檢視一下籌碼的買賣超狀況，能對當日與後續走勢有個概念。

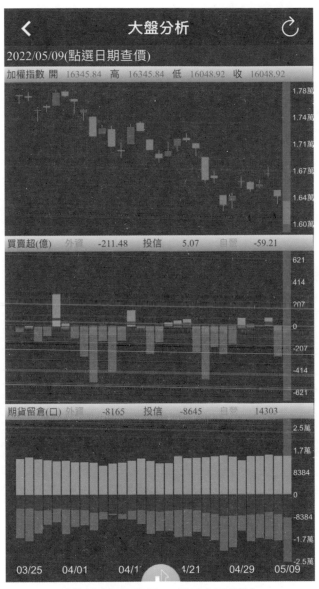

（資料來源：富邦e01電子交易系統）

三大法人動向方面，今日三大法人總計賣超265.61億元；其中，外資及陸資(不含外資自營商)賣超211.47億元，投信買超5.07億元，自營商賣超59.21億元。

（擷取至CMoney新聞5/9）

籌碼類型

外資：泛指資金來自台灣以外的外國機構投資者，如各位耳熟能詳的高盛、大摩小摩、瑞士信貸等等，但也有本國資金為節稅或操縱股價等目的，在境外設立公司後再匯回買股，也視為外資，這在過去是典型的假外資型式，有心人用這個方式操作其在台灣國內的公司股價，塑造外資在買的假象吸引投資人跟風，但不用太擔心，金管會也知道這樣的狀況所以後來有做管制，若真的要辨別也能透過公司規模，外資偏好中大型的公司，對他們來說相對安全且有投資價值，反而假外資偏好炒作中小型股，比較好短期內拉抬股價獲利，或是透過基本面去辨別，外資自然有其風控機制，基本面差的公司較不容易成為其進場標的。

而外資還有個必須知道的特點，目前他們是國內最大宗且資金最雄厚的籌碼，其買賣超動向會影響到台股走勢，全球許多金融市場也是如此，也能另外跟各位補充點小常識，目前台積電的

籌碼有7成左右是外資，當中也不乏些中東產油國，而台積電又是大盤權重最高的標的，它漲1點大盤可以漲約8.5點，可見外資對台積電對台股的影響力。

外資的買賣狀況往往是長期大量的買超或賣超，比較少短進短出，它們會公布對公司的調查報告與目標價，理論上若某股票目前100$而其因看好後續成長性給予目標價150$，外資應該會持續加碼買進至150$，聽到這邊散戶們開心了，心想太好了可以順勢跟上搭個外資的順風車至150$，但天下沒有白吃的午餐，常常可以見到外資公布目標價後，趁散戶跟進加碼時出貨，最後徒留韭菜們套牢在高點，因此目標價僅供參考就好。

又外資買進的標的較偏好大型股，如權值股都可以見到他們進出的身影，一方面大型股安全又較知名，一方面基本面也穩定可以做長期的布局，該些優秀的大公司對全球產業的供應鏈也常扮演重要角色，如外資要投資蘋果，台灣擁有非常多蘋果產品的供應鏈如台積電、大立光、鴻海等也能做投資。

對讀者們來說，相信可以感受到外資的重要性和其舉足輕重的能力，做短線的，如果外資積極買入那也會有一定的漲幅能獲利，做中長線的那當然更可以順著外資長期的買進抱個幾波漲勢，因此在檢視上長短線皆有參考價值。

投信：國內的投信投顧業者，就是一般人所說的的基金公司，如復華、統一、保德信等等，是國內第二大的籌碼，他們會向大眾募集資金後委託他們專業的經理人做操作，而沒經驗或沒學習過的投資人剛好也能以此找到有經驗的團隊替自己賺取額外

的收入，既然投信是收受大眾的資金，自然有其績效壓力，爲了盡力達到漂亮的績效，他們擅長操作中小型股尋求短期的獲利，又常常在季底和年底有作帳的行情，例如Q1第一季包含了1-3月，投信可能2月開始布局一些個股，到了3月再作帳拉抬，這樣就給了投資人們一個搭順風車的好機會。

而投信進場的標的雖然比外資多了些中小型股，但它們同樣有其風控與法規須配合，例如法規規定持股要70%至少，導致他們即使面臨空頭仍須找尋標的進場，進場前也會寫研究報告，對公司基本面與體質做評估，因此跟著投信買相對風險也降低，他們已經幫你做好了研究，總體來說投信適合投資人跟上操作波段短線。

自營商：經過政府認可的證券公司，如國泰證券、富邦證券，他們用公司的錢和公司的團隊幫自己操盤賺錢，是三大法人中資金規模最小的，爲求快速獲利也是短線操作，變化太快不好掌握，常常一日買一日賣，不易影響中大型股票，在操作上參考性較低。

散戶：散戶相對於前面三大法人屬於自然人，一般投資大眾皆屬於這個類型，由於資金有限的情況，往往需要融資來操作，但通常被當作反向指標，例如當行情來到高檔而代表散戶的融資餘額又很高，那麼可能要留意行情即將反轉了，簡單來說，散戶資訊取得的速度較三大法人慢上許多，當大量融資進場時往往也是行情的末段。

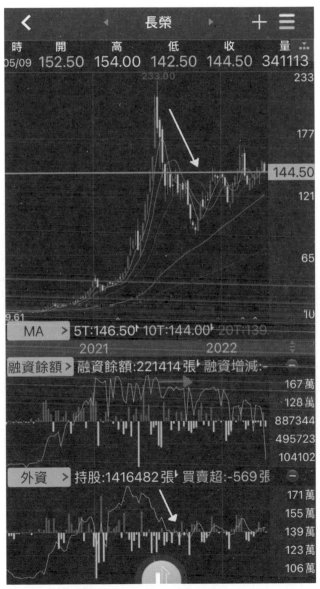

（資料來源：富邦e01電子交易系統）

　　主力：常常聽到討論區或媒體提及主力，主力其實指的是有能力可以控盤的籌碼，而有能力控盤的籌碼很多，有可能是法人、公司派、資金充足的散戶或炒手團隊，但實際要抓出主力是誰並不容易，一檔股票可能同時有不同的主力存在，但大方向可由分點券商推測，之後會做介紹，而主力可以說是最難搭順風車的籌碼，它們也不是省油的燈，都能看得出來是否有散戶發現在跟風，有時還會刻意讓股價跌破特定均線或製造賣出訊號，讓散戶被甩出場，又稱甩轎，但整體而言因為主力也是尋求快速的獲利，操作上是適合做為短線的參考。

　　官股券商：這個籌碼類型對很多新手來說可能不太熟悉，指的是由有政府持股的銀行，如一銀、兆豐銀與合作金庫等旗下的證券部門，平常時候不用特別留意這類籌碼，但一旦發生股價崩跌，市場黑天鵝現蹤等重大利空消息，如新冠肺炎爆發時，這類籌碼就會進場來穩定股價與股民信心，稱為救市，所以官股券商又常被稱為國家隊，通常績效都很不錯，幾乎是危機入市的標準範例，偶爾會有民意或選舉壓力的影響，但基本上都有一套進場的標準，達到才能進場，也會搭配國安基金共同執行，國安基金包刮四大基金勞保、勞退、退撫、郵儲。

分點券商

　　分點券商是追蹤籌碼常用的一項工具，在提及主力的部分也有提到可以透過它掌握主力的動向，我們就來看看何謂分點券

商吧。一般來說券商都會有各地方的營業分行，例如凱基證券可能有凱基台北、凱基信義，而富邦也有富邦建國、富邦敦化之類，那我們要買賣股票也一定需要至券商開戶，如果筆者就近開在凱基台北分行，那麼未來我在買賣時紀錄都會登記在凱基台北底下，以下圖以兆豐金舉例，假設我於2022/5/10買入兆豐金10張，那麼下圖的凱基台北買超的2914張中就包含了我的10張，但要知道凱基台北中是包含了很多同樣也在凱基台北開戶的投資人喔，另外同樣也可以從該分點表中看到外資與國內券商的動向，所以說透過分點券商表我們可以觀察一定時間內是從哪個據點或法人買超最多，有可能該檔一定時間內的主力就是來自該分點或法人，若後續它持續加碼那麼就可以評估搭順風車，觀察到它轉賣超了也可以準備下車，但也要留意一檔股票很可能有不同的主力，也會有不同的看法，很難說某分點一直買就一定漲，說不定有另外持偏空想法的主力在與其對做，又或者整體大盤狀況不佳等，所以這個工具僅供參考，仍可以搭配技術面、基本面等去做評估。

股Morning
一日之計在於晨，股票新手靠這本

| ‹ | 個股資訊 | ⋮ Q |

兆豐金 38.35 ↑0.15
市 2886 0.39%

≡↑ 量 K線 指標 法人 籌碼 主力 資券

更新時間：2022/05/10 22:50:06

近1日▼	籌碼集中：	3358張
	籌碼集中(%)：	10.86%
主力動向	成交量：	30917張
	佔股本比重：	0.02%
大買	區間週轉率：	0.22%

[籌碼分佈] [集保庫存]

| 買方 Top15 | 賣方 Top15 |

券商 ⓘ		均價
台灣摩根士丹利	4943張	38.02
凱基-台北	2914張	38.12
國泰	2065張	38.28
美林	1848張	38.00
美商高盛	1192張	38.07
國票-敦北法人	745張	38.10
摩根大通	647張	37.76
兆豐	598張	38.23
港商野村	307張	37.70
元大	285張	37.91

（取自投資先生）

/ 110

範例：

從下圖以萬國通為例，可以看到分點永豐金新店長達3個月的買超，是該檔的主力，股價維持攻擊第一波後就維持整理，即使遭遇亂流下跌也迅速站回盤整區間，所以若能找出主力又觀察到主力動向那麼對於後續走勢也可以有個底。

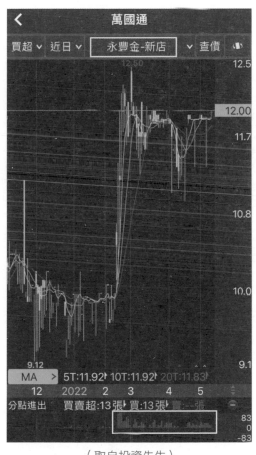

（取自投資先生）

如何看籌碼

　　首先，我們要先知道籌碼呈現的是一個買賣超的狀況，什麼是買賣超呢，就是將籌碼當日買賣的結果加總起來，例如市場上有兩家外資，一家買100張某公司股票，另一家卻賣出150張該公司股票，那麼在盤後呈現上它會呈現的是賣超50張，很多新手常常誤將外資、投信與自營商想成三個對象，不是的，光外資有好幾家外資，他們的買賣自然不盡相同，透過最後的買賣超我們得以知道目前大致的方向是偏多還偏空。那檢視上我們可以從各軟體看到每天盤後的籌碼狀況，大致分為兩種方式，如下圖A以直接的數字呈現三大法人近30天內的買賣超狀況，也可以圖B透過技術線圖下方的副圖去切換自己想看的籌碼以較宏觀的角度去看變化。

圖A

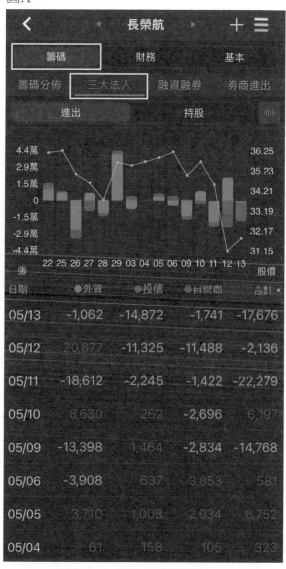

（資料來源：富邦e01電子交易系統）

圖B

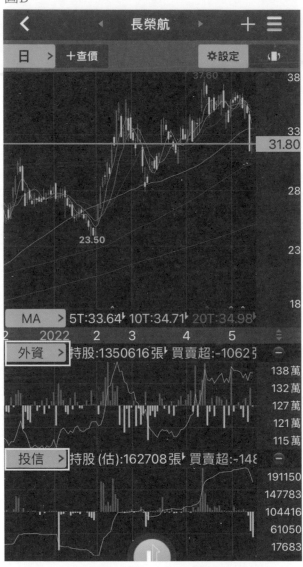

（資料來源：富邦e01電子交易系統）

如何追籌碼

學會了如何看籌碼後就到了重頭戲：如何追籌碼，透過上面的介紹我們可以知道三大法人很重要，其中尤以占籌碼最大宗的外資與次之的投信最為重要，因此我們在追籌碼上會特別留意該兩大法人的動向，那該如何留意呢，我認為有兩個特性，一個是連續性，另一個是從無到有。

A. 連續性

隨意檢視一檔股票都可以發現兩大法人每天買賣超狀況會不太一樣，可能今天買超明天賣超，或是連兩天買超又轉賣超，讓人分不清究竟它們是看多還看空，所以一般建議看買賣超要連續至少3-5天比較有參考性，好比說外資或投信連續買超了3-5天那就有機會上漲或整理，是個值得觀察甚至進場搭順風車的好現象，為什麼會加上一個整理呢，因為有時候法人是走默默吃貨的路線，並不會積極追價去往上買導致股價不會馬上上漲，這種狀況反而最理想，有點像發現了籌碼在密謀幹大事，我們就可以趁此時以跟法人相當的成本進場，等待籌碼累積的一個程度放量攻擊。同時也要留意有時候是土洋法人對做，就是本土的投信跟洋派的外資看法不一致，導致雖然都連續但一方是連續買一方是連續賣，這種狀況就要較為保留了，照籌碼規模外資是較容易勝出，但也有碰過後來外資認錯轉為加入投信的看法的。

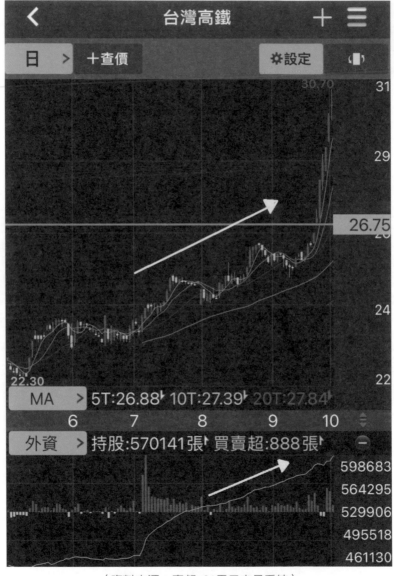

（資料來源：富邦e01電子交易系統）

B. 從無到有

　　從無到有是筆者觀察出來的特性，目前想不出更好的代名詞，姑且就先用這四個字表彰，主要是指某股票過去都沒有外資或投信在買但有一天突然買進了，若還連續買進，這表示法人一定有看到什麼亮點或準備布局一番，是個可以評估進場的訊號，出現後容易有段漲幅。

（資料來源：富邦e01電子交易系統）

選股：外資投信共同連續買超

　　既然我們已經知道了外資跟投信買賣超的重要性，同時也知道了連續性可以大幅提升參考度，那我們是不是可以找一個外資跟投信同時都連續買超的標的呢？這樣表示兩大法人都看好它，後續的上漲的機率就更大甚至漲勢會更為凌厲。至於怎麼找呢，很簡單，我們善用我們手邊的工具，基本上台灣的券商APP都委由三竹資訊開發，這套軟體裡面都有個「智慧選股」的功能，如果沒有的讀者也可以自行下載三竹股市APP，先找到「智慧選股」後點進去。

（資料來源：富邦e01電子交易系統）

接著我們可以看到「外資近期布局」與「投信近期布局」，
透過這兩項我們就可以看到外資與投信近期買超哪些股，由高到
低排列。

＜	智慧選股		
即時排行	價量指標 籌碼精選	經營績效	股狗網

三大法人

- ⬤ 外資持股比率排行
- ⬤ 外資持股股數排行
- ⬤ 投信持股比率排行
- ⬤ 投信持股股數排行
- ⬤ 外資近期布局
- ⬤ 外資近期出貨
- ⬤ 投信近期布局
- ⬤ 投信近期出貨

　　接下來我們要找個是兩者布局的前10名中有沒有重複的，有的話那很可能就是近期的強勢股或是有望成為強勢股。從下圖我們可以看到剛好2022/5/13這天前10名中是沒有重疊的，近期兩大法人並無明顯共識，同時筆者寫下此段時也是大盤受升息縮表與通膨等因素影響下，逐漸轉弱，雙方操作可能都轉趨保守，沒有佈局特定標的。

外資近期布局

※ 外資近期布局個股 2022/05/13
外資近10日買超張數前100名個股

商品	收盤價	外資近10日	近10日漲跌
友達	17.00	+101,825	−0.15
長榮	143.50	+57,318	−1.50
群創	13.45	+52,723	−0.20
聯電	48.85	+45,984	+1.05
臺企銀	11.50	+36,553	−1.25
陽明	123.50	+35,181	−2.50
遠傳	82.20	+32,166	−0.60
長榮航	31.80	+29,857	−3.85

投信近期布局

※ 投信近期布局個股 2022/05/13
投信近10日買超張數前100名個股

商品	收盤價	投信近10日	近10日漲跌
永豐金	16.95	+25,383	−1.30
英業達	25.40	+17,257	0.00
開發金	16.00	+16,067	−1.95
仁寶	22.90	+15,518	+0.65
第一金	25.60	+13,124	−2.20
榮剛	29.00	+11,823	+0.10
遠東新	31.00	+11,477	+0.95
元大金	23.85	+11,348	−2.30

　　如果TOP10中都沒有共同的標的，那可以向下至第11-20名找看看有沒有共同的標的，為了方便理解和學習，以下提供2020/4/24的籌碼做為範例。

圖A

	外資近期布局	
※ 外資近期布局個股 2020/04/24		
外資近10日買超張數前100名個股		
商品	收盤價	外資近10日
台積電	294.00	+41,985
晶電	37.95	+33,178
智邦	195.00	+24,719
仁寶	18.55	+22,420
至上	31.85	+18,812
廣達	62.40	+13,381
大同	21.40	+8,689
義隆	95.50	+7,295
聯發科	348.50	+6,665
敦泰	32.20	+6,603

（資料來源：富邦e01電子交易系統）

圖B

	投信近期布局	
※ 投信近期布局個股 2020/04/24		
投信近10日買超張數前100名個股		
商品	收盤價	投信近10日
聯電	15.90	+14,684
南電	67.50	+11,735
欣興	37.45	+11,314
奇鋐	37.30	+10,849
晶技	63.10	+9,331
晶電	37.95	+8,082
長榮	9.94	+7,286
定穎	19.60	+7,032
永豐金	11.25	+6,414
台表科	88.00	+5,744

（資料來源：富邦e01電子交易系統）

　　可以看到外資與投信同時布局了晶電，那麼透過技術線圖我
們可以看到外資跟投信都連續買超了至少3-5天，股價也就上來
了，如果自營商也有加入，那就是最漂亮的三大法人同步買超，
後續如果籌碼沒有轉賣，設好停損是可以進場試試看的，可見透
過此方式是可以找到正在飆漲且籌碼積極的標的，然後找到後仍
建議搭配技術分析去判斷，而不是傻傻的直接進場，這方式的缺
點就是找到的標的很可能已經有段漲幅了，等於相對失去了些利
基點。

（資料來源：富邦e01電子交易系統）

　　當然，若要用這個方式單純找投信或外資個別積極買進的標的也是可以的，例如我想把握投信季底作帳，我就透過這方式找尋投信近期布局的股去觀察，或是我想要了解外資最近都在買什麼族群，也能以此掌握，讀者們若正煩惱有什麼好標的可以買進，不彷用這個方法看看有沒有什麼靈感吧！

　　以上就是籌碼分析的介紹，相比技術分析應該好懂許多，大多數新手在學習上都只接觸到技術分析，了解買賣的時機點，然而掌握誰在買賣也是相當重要，幫助你在對的買賣點有效提高勝率。而重點不外乎了解市場上籌碼有哪些類型，懂得用籌碼去看大盤或個股的買賣超狀況，到了判斷個股狀況時鎖定兩大法人與兩大特性，分別是外資與投信的買賣連續性與重無到有的狀況，當然若自營商也能滿足這特性，甚至三大法人同步連續買賣超，那也是相當好的訊號。最後，則是與讀者們分享透過軟體內建的選股功能以籌碼為出發點去找尋已經發動攻勢或準備發動的標的，同時把握到法人作帳的行情，對於短線操作，籌碼分析絕對是個利器。

基本分析 What

　　學完了最為抽象的技術分析與簡單許多的籌碼分析後，來到了比較需要背下來的基本分析，3個W剩下最後一個What，為什麼是What呢，因為透過基本分析我們能掌握自己在買什麼公司的股票？其財務體質和未來發展性如何？對於長線價值投資、存股等，都是很重要的資訊和功課，畢竟你要抱一檔股票好幾年，總不會希望它突然倒閉或是配息殖利率不理想，因此這部分也受到最著名的價值投資大師巴菲特所看重，而如何買進賣出端看股價與公司真實價值間的關係，若股價高於了真實價值，那可能就選擇不進場，因為表示已被市場高估，獲利空間有限甚至可能準備下跌好回歸真實價值，反之如果股價低於了真實價值，那就是進場的機會了，因為表示被市場低估，未來可能因回歸真實價值而上漲，而要找出這關係就仰賴基本分析指標，例如我們透過某指標認為A公司至少值30$，但現在股價只有20$，那表示它目前被低估，我們可以進場投資，等待它回歸它該有的真實價值30$。

　　然而，其實基本分析跟技術分析在學理上常處在互相批判的對立狀態，怎麼說呢，技術分析派的認為基本分析都在研究落後資訊，無法立即預測股價可能的走勢，例如台股的營收普遍都是在隔月的10號前公布，但不用等到該月分結束，不用等到公布營收，光是內部員工就大概知道了自己公司當月的營收狀況，若真的表現亮眼股價早已因消息從內傳到外而上漲，基本面資訊卻是到隔月初才出來，到那時候才進場是為時已晚，但若透過技術分析反而能即時的捕捉到關鍵訊號或股價變化進而把握住進場點。

　　相反的，基本分析派認為股價早晚會回歸基本面，技術分析派費盡心力在那追著線圖跑上跑下，抓得準還好，抓不準就是

徒勞無功，他們相信只要找到一間成長中的好公司，那麼儘管股價過程中上上下下，最終股價自然會回歸真實價值，獲利自然水到渠成。簡單用狗與主人來比喻，技術分析是研究狗下一秒可能會往哪裡去，而基本分析則是研究狗主人要去哪裡，掌握了狗主人，自然就掌握了狗最終的動向。然而，兩者沒有對錯，歷史上也都各有成功的代表人物，身為一般投資人的我們不用刻意選邊站，兩個都是好工具，結合起來提升我們的勝率才是致勝之道，那麼接下來就讓我們來看看如何運用些常見的指標來研究狗主人。

常見基本分析指標

一般來說基本分析會涉及到會計三大報表：損益表、資產負債表與現金流動表，但那部分會複雜且深入許多，這邊將介紹常見的幾個指標如本益比、營收、EPS等，透過這些指標我們能判斷出上面說到的真實價值與股價間的合理性，並以該結果判斷是否買進或賣出，不僅能滿足日常基本分析所需，對新手也相對友善。

> 市價 > 真實價值 → 賣出
> 市價 < 真實價值 → 買進

營收

　　要知道一家公司營運狀況好不好，很直覺的就會想知道他賺多少錢，同時也可以透過這個數字去對比過去看有沒有成長或衰退，去評估目前的股價是否高於或低於可能的眞實價值，而以上這些都能從營收表看出來。

　　每個月10日前公司都會公布上個月的月營收，圖A是以12個月分呈現，而圖B則是以近四年度的營收呈現，可以從綠框處切換，雖每家軟體呈現方式或有不同，但萬變不離其中，在看這樣的營收表時有兩個亮點我覺得特別值得留意，分別是**月增率**（MoM）與**年增率**（YoY），其中年增率又更爲重要。

A. 月增率

　　英文又稱爲MoM（Month on Month），定義是當月分對比前一個月的成長率，如下圖A黃框處可以看到因爲4月分22.18億比3月分17.04億成長了30.18%，故月增率顯示正30.18%，那透過這個指標我們能看出什麼呢？如果說月增率連續幾個月都是正的，那就表示該公司營收正處在一個月比一個月還高的成長趨勢，這樣就可以去檢視股價有沒有表現出這樣的趨勢，如果還沒有或許就可以留意後續會表現出來，但也別忘了股價是領先指標，很可能股價已經預先反應了該成長表現，後續如果要能持續上漲，必須營收仍持續維持月增率正成長才有機會。而在看月增率時會碰到幾個狀況要特別注意，也是我爲什麼認爲年增率更爲重要的原因，稍後會做更多說明，首先可以看到下圖A的紅框處2月營收是負的，乍看之下可以看出對比1月營收是衰退的，但爲什

麼會衰退可以先想想看，原因在於2月分是過年，工作天至少少了一兩周，造成營收突然一個下滑，但它真的是公司狀況遇亂流，接單出貨不暢旺所造成的衰退嗎？顯然無法斷定，這時候更好的判斷方式是透過今年2月對比往年2月，我們才能知道是不是今年度真的衰退了，用同期比同期才夠客觀公平，而這正是我們晚一點會提到的年增率，可見月營收要注意一些特殊狀況，在看國外的公司月增率表現時也要留意是否該月分是當地民俗節慶。另外，特定產業有其淡旺季，例如遊戲產業很可能在寒暑假時營收突然大幅成長，月增率達好幾十趴的成長都很常見，然而若沒有了解到該產業特性，單就月增率去看還會以為成長中可以進場試試，結果下個月寒暑假一結束營收又回歸平淡，同樣如營建業也可能會因某個案子款項收到後突然月增率提高，因此在看月增率時要留意這幾種狀況，除此之外逐月的成長或衰退都是具有參考性，可以搭配股價走勢看是否有機會順勢而為。

B. 年增率

英文又稱YoY（Year of Year），定義是當月分對比去年同月分的成長率，如下圖B可以看到黃框處因為2022的4月分22.18億比2021的4月分16.53億成長了34.21%，故括號內的年增率顯示正34.21%。透過這個指標我們可以判斷今年度是否比前一年甚至過去幾年有所成長或衰退，也能看出營收是否創下近年最高或最低，同時也可以解決掉上面講月增率時出現的問題，我們能對比同樣的2月分雖然都是月增率負，但是否有比去年同期更好，以前同樣是有淡旺季，但今年的旺季是否比去年旺季表現更佳，如果

股Morning
一日之計在於晨，股票新手靠這本

更佳那股價是不是有機會更好。從下圖B中的紅框處的年度走勢線圖我們可以看到2021年該公司表現得很不錯，都較過去幾年有所成長，原因是該公司做的高爾夫球桿受惠於疫情下，大家傾向做戶外運動減少感染與接觸，而到了2022年營收截至四月分都持續走揚，年營收都正成長，表示目前為止都比去年更好，甚至四月分是創下近幾年歷史新高，看到這樣持續成長的業績表現我們可以直覺得推測今年若維持此趨勢股價有機會比去年再更高，因為若過去的營收值得目前的股價，那營收再更高，在毛利等其他因素不變下，合理的股價應該是要能更高，才符合其真實價值。一起將目光轉到圖C，是該公司的週線圖，我特別拉到週線圖以利比照2021甚至2020的走勢，可以看到2021的佳績是有反應在股價上的，而目前隨著2022的營收持續走高，股價也開始走高，已經來到前波高點的位置，前面技術分析有講到前波高點是壓力，因此股價來到這或許會有所阻礙與震盪，但一旦突破了就會順利向上再創下一個高點，而以目前營收的走勢來看要突破應該不是難事，唯獨目前筆者寫下這段文字時大盤正處逆風，是成是敗可以留待此書出版後讀者們一起共賭為快。而圖D，我則是拉到月線圖，好一次飽覽過去更多年分與確認是否還有更前一波高點有待突破，目前看來也頗有再向上攻高的態勢，持續守穩5T均線應該滿有機會。

　　以上，便是如何看營收表，以及透過月增率和年增率去判斷今昔的成長衰退，進而推測股價是否有向上或向下的空間。

圖A

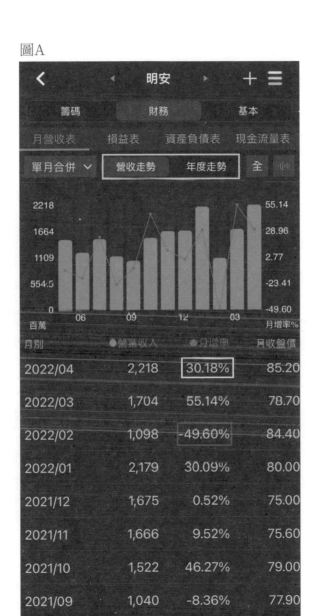

（資料來源：富邦e01電子交易系統）

圖B

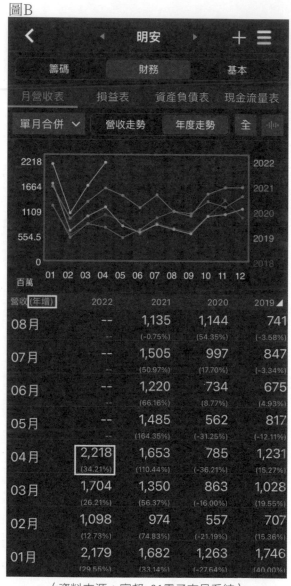

營收(年增)	2022	2021	2020	2019
08月	--	1,135	1,144	741
	--	(-0.75%)	(54.35%)	(-3.58%)
07月	--	1,505	997	847
	--	(50.97%)	(17.70%)	(-3.34%)
06月	--	1,220	734	675
	--	(66.16%)	(8.77%)	(4.93%)
05月	--	1,485	562	817
	--	(164.35%)	(-31.25%)	(-12.11%)
04月	2,218	1,653	785	1,231
	(34.21%)	(110.44%)	(-36.21%)	(15.27%)
03月	1,704	1,350	863	1,028
	(26.21%)	(56.37%)	(-16.00%)	(19.55%)
02月	1,098	974	557	707
	(12.73%)	(74.83%)	(-21.19%)	(15.36%)
01月	2,179	1,682	1,263	1,746
	(29.55%)	(33.14%)	(-27.64%)	(40.00%)

（資料來源：富邦e01電子交易系統）

圖C

（資料來源：富邦e01電子交易系統）

圖D

（資料來源：富邦e01電子交易系統）

EPS

　　EPS（Earnings Per Share），中文是每股盈餘，就是每一股賺多少錢。剛剛上面我們講到營收，但真正有沒有賺錢應該是要扣掉成本後的淨利才是我們要知道的，那EPS正是淨利的結果只是將其除上了總發行股數，因此稱為每股盈餘。

公式：EPS=稅後淨利/普通股在外流通股數

　　舉例：某公司今年度稅後淨利500萬，總發行股數500萬股，那麼EPS=500萬/500萬股=1元/股，該公司今年度每股賺1元，牽涉到數學就聽起來有些麻煩，但不用擔心，各家軟體都會直接幫我們整理出當季或當年度的EPS。

A. 公布時間
　　EPS會按季公布，會於當季結束後約45天內公告，如第一季結束於3月底，須至少於5/15前公布。

季別	第1季	第2季	第3季	第四季&年報
公布時間	5/15以前	8/15以前	11/15以前	隔年3/31以前

B. 客觀的比較淨利與發行股數
　　台灣上市櫃公司1700家左右，規模不一，各家一定有其淨利又有其發行股數，那我要怎麼客觀評斷出哪一家幫股東賺錢的能

力比較好呢，就是透過EPS將這些數值放在同一個基準上。

舉例：

A公司年淨利1000萬，總發行股數100萬股，EPS=10元

B公司年淨利2000萬，總發行股數500萬股，EPS=4元

表面上看B公司淨利較多，但因其發行股數也多，故最終EPS是A公司的10元較高，透過持有A公司的股票能分到較多的獲利，然而也得注意一般市場上EPS越高的公司股價往往也越高，因此不會單就EPS高低比較公司的好壞，會再搭配股價去做參考而這也是我們下一段落會提到的本益比。

C. EPS與股價的關係

EPS與股價呈現高度正相關，也就是EPS持續正成長的，股價也會持續走高，若EPS是負成長的，表示其處於虧損狀態，股價也會向下走低，可以呼應到我們前面說的股價都會回歸基本面，回歸其真實價值，就算過程上上下下，最終還是跟著公司的獲利在走。

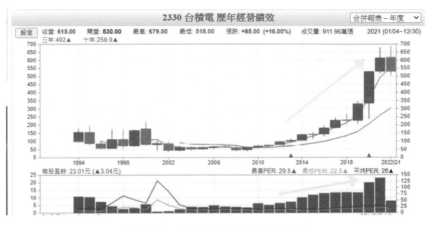

（取自Goodinfo！台灣股市資訊網）

D. EPS與配息的關聯

其實就是 句：「賺多少才能配多少」，前一年的獲利都會影響到今年的配息，如果EPS是負的公司基本上他是不會提供配息的，都沒有賺錢的要怎麼發出分紅給股束呢。那如果是賺錢的公司就要看其股息配發率大約落在多少了，假設某公司前年度EPS 5元，去年配4元，那麼賺5元願意配4元，我們可以算出其股息配發率是80%，理論上這個比率不太會變動，因此如果該公司去年賺了10元，那麼我們可以同比率推測它今年一樣會配8成，大約8元左右。以台股而言，平均股息配發率落在8-9成，所以未來在評估是否要長期領一檔公司的配息時也能將這個因素考慮進去，因為越捨得分紅的公司在它獲利越多的時候投資人才會拿到越多，然而不代表不願意配的公司就是不好喔，有些公司有其營運規劃，將其資金運用在廠房設備等投資，或是像巴菲特的投資

公司波克夏海瑟威就主張不配息，它認為與其配息給投資人不如它將那筆資金拿去為投資人賺取更多獲利進而反應在股價上。

本益比

在我們了解完EPS後就要進入到了基本分析經典的指標：本益比，為什麼會有這個指標的誕生呢，因為當我們知道公司有沒有賺錢與賺多少錢後，自然會想知道那目前的股價是不是太貴或太便宜？對比其它有賺錢的公司，哪一家比較值得入手？透過本益比的比較我們就能得出答案，而計算公式顧名思義本益比，就是成本與獲益的比利。

公式：本益比=股價（成本）/年度EPS（獲益）

A. 如何看本益比

一般理論上定義本益比如果落在10到20間都是合理範圍，表示這間公司目前股價對比其EPS是合理的，股價符合其真實價值，然而若高於20則表示被高估，較無長期投資的價值，建議不買進或賣出；若低於10則表示被低估，具備價值投資的潛力，建議買進。因此還有軟體能特別透過本益比去篩選股票，滿足投資人對於本益比的要求。

股狗選股

股狗網 / 財務面 / 公司評價

本益比：

✓ 請選擇

小於5

小於6

小於8

小於10

小於12

小於15

小於17

小於18

小於25

小於20

小於30

大於50

送出

共1743

代碼

1101

首頁　自選報價　交易帳務　市場行情　系統設定

（取自股狗網）

　　但實務上呢，很可能是反過來的喔，熱門的好股本益比反而會過高，而狀況不佳的公司反而本益比會過低，讓我們一起看看下面這個案例。

　　信驊是一家做伺服器晶片的IC設計廠，於世界排名前段班，目前本益比如下圖顯示57.66，明顯高於20，但其股價走勢相當強勢得走一個大多頭，且其營收年增率是連續多年都呈現正成長，EPS也是不斷走高，意味著其基本面是相當優異，如果我們因為本益比過高而放棄它，反倒是錯過一間經營績效很好的公司，但為什麼會有這樣的狀況呢？這就要回到公式本身去看了，可以看到本益比分子是股價，股價是領先指標，會預先反應市場對於公司的期待和熱度，如果大家因為看到其優秀的營運表現而選擇買進會導致股價上漲，分子增加了，本益比自己就提高了，但做為分母的EPS卻是落後指標，年度EPS都得等前一年度結算後才會有結果，等於一個公式中同時包含了領先與落後指標，也造成了理論跟實際有出入的結果。而且像現在時序來到2022年5月，2022年度的EPS都還沒能出來我們要怎麼以目前的股價套用今年的EPS去算本益比呢？因此實務上可能會需要用到預估本益比，大概預計一下今年可能的EPS再去計算本益比，結果可能更具參考性，至於如何預估有興趣的讀者可以再去查詢相關的資料，這部分是關於「預估本益比」與「預估EPS」介紹起來會比較深入複雜了。

　　講到這邊本益比看似有些模稜兩可之處，然而這指標仍有其參考性，只是在參照時要能把這個理論與實務落差之處放在心裡，而當股價處在整理時期因為少掉過度的上漲下跌，參考性也能提高。

5274 信驊 2022/05/17

※ 績效分析

項目	優劣評比	成長趨勢
接單能力	↗↗↗↗↗	↘↘↘
獲利能力	↗↗↗↗↗	↘↘
經營能力	↗	↗
償債能力	↗	↗↗↗

※ 同業比較

項目	資料值	同業值
收盤價	2575.00	169.45
本益比	57.66	24.93
股價淨值比	29.99	4.26
每股淨值	85.87	38.51
殖利率	1.40	3.52
EPS 2022Q1	13.64	2.09

（資料來源：富邦e01電子交易系統）

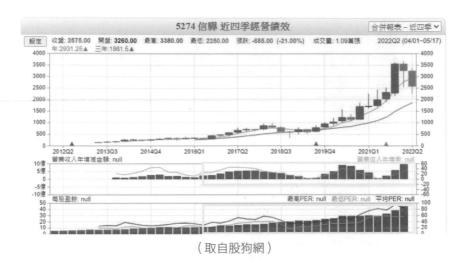

（取自股狗網）

　　而在實務上用本益比時，一般會建議同個產業間再做比較會比較有參考性，而狀況大致有下列幾種：

　　若比較的兩家公司股價相同：EPS越高越好，直覺上就是成本相同，賺得越多的當然越好，而以本益比來看，股價相同就是分子相同，那麼分母EPS越大本益比就越低。

　　若比較的兩家公司EPS相同：股價越低越好，直覺上既然兩家賺的一樣多，那當然是找個成本低一點的，而以本益比來看，EPS相同就是分母相同，那麼分子股價越低本益比就越低。

　　若兩家公司股價和EPS都不同：本益比越低越好，因為沒有固定的分子或分母了，就直接以本益比公式去算結果，越低那就是CP值越高，越值得買入。

B. 本益比無法顯示

有一種狀況的公司本益比是無法使用的，如下圖。

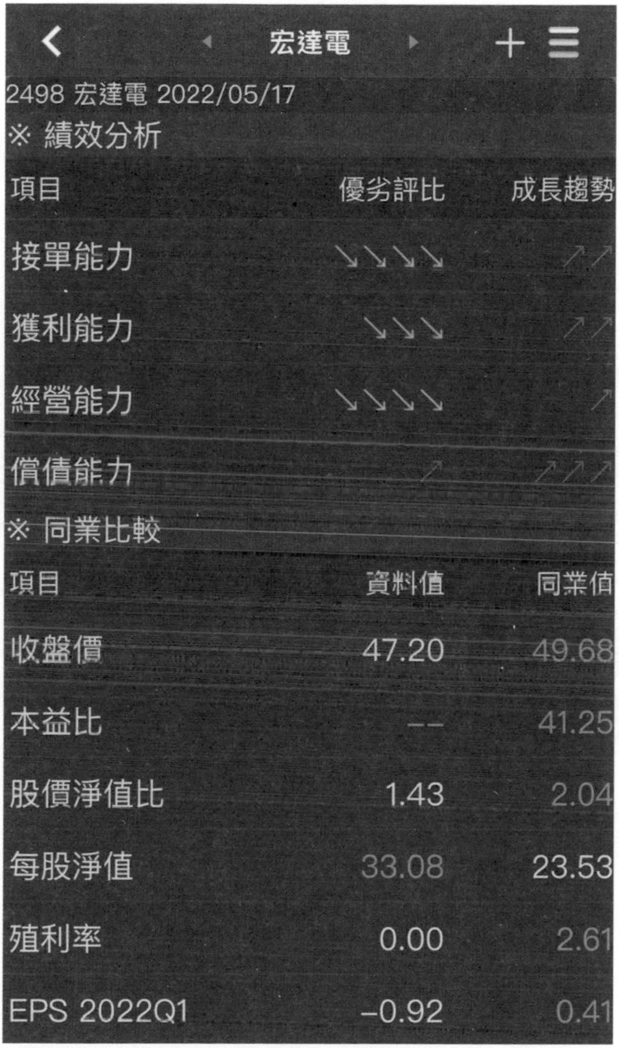

2498 宏達電 2022/05/17		
※ 績效分析		
項目	優劣評比	成長趨勢
接單能力	＼＼＼＼	↗↗
獲利能力	＼＼＼	↗↗
經營能力	＼＼＼＼	↗↗
償債能力	↗	↗↗↗
※ 同業比較		
項目	資料值	同業值
收盤價	47.20	49.68
本益比	－－	41.25
股價淨值比	1.43	2.04
每股淨值	33.08	23.53
殖利率	0.00	2.61
EPS 2022Q1	−0.92	0.41

（資料來源：富邦e01電子交易系統）

那為什麼會這樣呢，各位可以想想看，原因在於該公司是處於虧損中，EPS去年度的結果是負的，照數學定義分數中分母EPS部分不得為零或負數，所以說未來只要看到本益比無法顯示的公司就知道它EPS是負數囉！

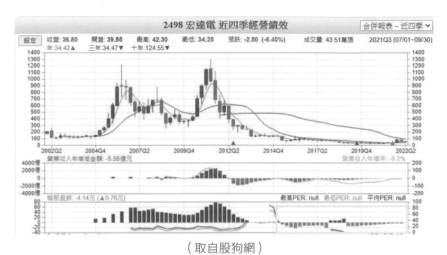

（取自股狗網）

淨值

淨值也是我們常用來衡量公司真實價值的指標，簡單來說就是一間公司總資產扣掉所有負債後剩下的價值，也等於會計上的股東權益。

資產：指企業擁有並可替企業帶來經濟效益的資源，如現金、庫存、廠房、設備、材料等有形資產，以及有助於生產經營活動進行的商譽、專利權等無形資產。

負債：指企業因為過去的交易或其他財務操作所形成的債務。

　　兩者互相減去後，就像是一家公司眞正所擁有的基本的純淨的價值。

　　以上這部分可以先有個大概的概念卽可，一切都是爲了今天我們要講的重點：**每股淨值與股價淨值比**所鋪陳用，上述兩者是基本分析在衡量股票是否值得進場時常用到的指標。

　　每股淨值=淨值/發行股數，可以想成是某檔股票基本的價值，一般會與市值（股價），也就是外界給予某檔股票的價值去做對比，稱爲股價淨值比。舉例來說，某瓶水基本價值20$，但帶到了沙漠中因爲物以稀爲貴，人們願意給予更高的價格50$去購買它，此時20$就是淨值，50$就是市值（股價）。

股價淨值比–股價/淨值

　　股價淨值比<1時，代表股價被低估，低於其基本該有的價值，可以評估進場

　　股價淨值比>1時，代表股價被高估，高於其基本該有的價值，可以評估出場

　　以下圖爲例，該檔股票在2022/5/24時股價是31.05，每股淨值是39.13，套用股價淨值比的公式31.05/39.13=0.79，其實系統都有幫我們算出來，只要會看卽可，照這個結果股價淨值比是小於1，屬於股價被低估，可以評估進場做長期佈局的標的。

< ◀ 敬鵬 ▶ + ≡

2355 敬鵬 2022/05/24

※ 績效分析

項目	優劣評比	成長趨勢
接單能力	↗↗	↗
獲利能力	↘↘	↘↘↘↘
經營能力	↘↘	↘↘
償債能力	↗↗↗↗	↘↘↘

※ 同業比較

項目	資料值	同業值
收盤價	31.05	--
本益比	31.16	46.42
股價淨值比	0.79	1.86
每股淨值	39.13	--
殖利率	1.62	3.95
EPS 2022Q1	0.01	--

很多程式的選股條件也有以股價淨值作爲篩選基準，例如找尋跌破淨值的標的，就表示在找尋股價淨值比小於1，目前被低估的股票，進而進場等待其回歸眞實價值的那天，可以提供給有需要的投資人參考。

智慧選股

量指標 籌碼精選 經營績效 股狗網 股神贏家

- 長線多頭
- 長線空頭

財務統計

- 主方位績優
- 經營績優股
- 風險警示股
- 獲利績優股
- 接單強勁股
- 償債績優股
- EPS排行榜
- 淨值排行榜
- 跌破淨值股

不過實務上其實淨值跟本益比有個相似的現象，就是不見得低於淨值就是好股，高於淨值就不值得買進，同樣的，很可能是冷門或不被看好的股才會低於淨值，而正在強勢成長且受到市場看好的股反而高於淨值，回到前面瓶裝水的舉例去思考其實也就更好懂了，好股就如同沙漠中的水一樣會受到市場需求的提高導致股價也水漲船高，所以在運用股價淨值去衡量時也要把這個思維放進評估中喔！

ROE股東權益報酬率

ROE股東權益報酬率（Return On Equity）顧名思義，這個指標是衡量公司用股東的資金替股東賺錢的效率。

ROE=稅後純益/股東權益

如果說EPS是用來評估企業賺了多少錢，那麼ROE便是用來評估企業賺得多有效率，ROE越高獲利能力越好，股東就能分享到公司所給予的獲利，自己的投資也越值得。

一般來說如何看一家公司ROE表現好不好都會參考過去的表現與趨勢性，幾項要點如下：

1. 近五年（可依個人習慣或經驗設定）ROE皆穩定大於5%或同產業平均水準。
2. ROE每年皆較前一年成長，可推估公司處在成長階段，對長期投資是好事。

3. ROE創歷史新高,唯須確認非偶然的一次性業外收入導致。

ROA資產報酬率

ROA資產報酬率(Return On Asset)顧名思義,這個指標是衡量公司用其資產賺錢的效率。

ROA=稅後純益/總資產

因為資產在會計上的定義包含了負債,因此ROA比ROE多評估了該部分,較適合用於負債比較高的公司與產業,例如航運業和金融業等。而使用上一般則是會評估以下要點:

1. ROA要高於銀行利率和長期公債利率,因為若沒有高於上述兩者那等於公司資產賺錢的效率不高,不如將其資產拿去投入於債券或定存等。
2. ROA每年皆較前一年成長或維持穩定。

講到這邊可以迅速的總結一下兩者的差異,一個是評估公司運用股東資金賺錢的效率,一個則是運用其資產賺錢的效率,記不住的可以用英文E與A幫助記憶,Equity就是權益而Asset就是資產,使用上不用擔心被數學公式給嚇到,幾乎各大軟體甚至網頁都有幫投資人計算出結果,我們只要會看會評估即可,如下圖是台積電的ROE與ROA,會放置在軟體中的獲利能力頁面,如果用我們上面提到的要點練習去看,台積電不管在ROE或ROA都表現得不錯呢。

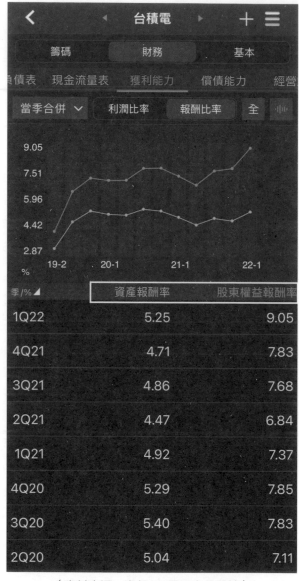

（資料來源：富邦e01電子交易系統）

毛利率

經營一家企業，毛利率相當重要，攸關能否持續有金流以及這生意能否持續下去，也能透過毛利率判斷一家公司是否具有競爭力。

毛利率＝（營業收入-營業成本）/營業收入x100%

簡單來說就是營業額扣掉成本，如人力成本、原料與運費等產品製作過程中會產生的花費，假設飲料一杯賣50元，紙杯與原料等成本30元，毛利率就等於（50-30）/50x100%=40%。

一般來說毛利率越高越好，代表該公司具備專利技術或擁有較高的品牌價值，在對手難以匹敵的狀況下它自然有辦法獨占市場去維持較高的定價，因為市場上就是非它不可，同時這樣的公司在面對惡劣的總體經濟或促銷下也能保有較多的毛利去犧牲，而不像低毛利的公司可能一犧牲就得面對虧損的風險了。但這邊要特別注意到不同產業毛利率的水平都不太一樣，像光學鏡頭廠大立光以其領先的技術使毛利率可以高達60幾%，不過價格廝殺激烈的代工業就是台灣俗稱的「毛三到四」，龍頭鴻海僅有5-6%，這樣的企業就需要更大的訂單量來支撐。

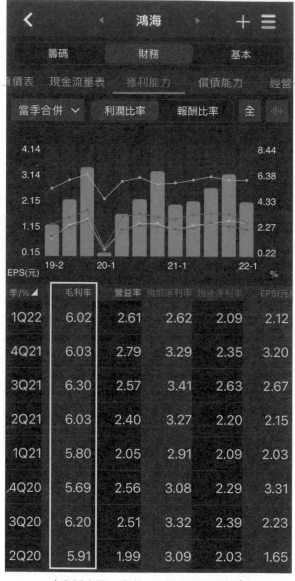

(資料來源:富邦e01電子交易系統)

　　以上是基本分析常見的幾個指標，我們能透過該些指標迅速的判定一間公司基本面的狀況，從營收我們能知道一個月、一季甚至一個年度對比過去的成長衰退，進而搭配股價評估是否有成長的空間。而EPS則能告訴你一家公司是否有賺錢，如果有賺錢那隔年度的配息能配出大概多少，好讓存股或長線投資人計算殖利率去評估是否符合自己的需求，又EPS與股價呈現正相關，一樣能從EPS的成長狀況搭配股價去推測是否還有空間。學會了EPS後就可以延伸到本益比，可以讓我們知道在既有的EPS下股價是否合理，雖然都是賺錢的公司，但大家都會想用合理的價格買進。透過每股淨值可以了解到一家公司基本股價值多少，進而對比目前市場給予的股價是否低估或高估，如果被低估了，那等於可以用超值的成本成為一家公司的股東，等待股價回歸真實價值。ROE與ROA就像雙胞胎，都是看公司運用資金的效率，唯前者的資金是來自股東，後者來自公司的資產。最後則是任何生意都需要注意到的重點：毛利率，可以表現出公司在該產業中是否具有技術屏障或品牌價值，為自己在訂價上爭取到漂亮的空間。

價值投資＆存股

　　常常會有學生或朋友問我，如果他不想花太多時間看盤，不想承受短時間內價格劇烈的波動，只想找一檔穩健的股票放著，將自己的現金透過股票找尋增值的機會，有沒有什麼適合的方式呢？很顯然的短線投資不會是他要的，而相反的長線投資就能符合這樣的需求，當中又以價值投資跟存股為目前長線投資的主

流，接下來就為各位介紹這兩者的內容以及如何實行。

價值投資

由價值投資之父班傑明·葛拉漢和大衛·多德所提出，同時葛拉漢也是著名投資大師巴菲特的老師，時至今日，價值投資仍然是長線投資人奉為圭臬的必學經典，從歷史中也能看到價值投資是少數能真正打敗大盤的操作策略，全球前10大富豪也僅有巴菲特是靠著投資上榜的，可見該策略是著實的可以致富。

簡單來說，價值投資的核心就是撿便宜，把握以低成本買入好公司所帶來的高CP值，在長期持有下等待股價從被低估回到其真實價值。方法可以是透過前面我們分享過的基本分析指標，例如高股息收益率、低本益比和低淨值比等等，去尋找並投資於一些股價被低估的股票。

步驟：

找到好公司 ➡ 穩定配發股利 ➡ 便宜合理的價格買進 ➡ 耐心等待

A. 找到好公司

光看到這幾個字對很多新手而言就已經不知如何是好，對於好公司的定義也很廣泛，所以筆者這邊提供一個最簡單保險的方式給讀者們，那就是找尋產業的龍頭股，有辦法成為一個產業的龍頭基本上它在營運的績效表現、財務體質與技術專利等等都一定是水準之上，如半導體的台積電、紡織的儒鴻與聚陽、腳踏車的巨大、車燈的帝寶、封測的日月光投控等等。另外，也可以透過0050這檔ETF去找尋其成分股，都是已經經過篩選的市值前50大企業，可以再依照當時產業狀況或個人看法去挑選特定產業的成分股，其實有心的讀者一看就能知道不外乎都是各位而熟能詳的公司。

B. 穩定配發股利

這點也是相當重要，若能穩定配發股利那麼在長期持有的同時即使沒有賣出股票取得價差的獲利，也能透過配息取得被動收入，讓資產為自己帶來高於銀行利率的現金流，實為一舉兩得。依照巴菲特著名的「巴菲特寫給股東的信」一書中的選股建議，至少要能連續10年配發股利才能符合進場的條件，看起來滿嚴格但相信我，各位若去看一下該些龍頭企業或0050的成分股都能看到有連續10年配息的比比皆是，能做到這樣也表示該些公司至少連續10年都是獲利的狀態，透過這個原則也能讓我們更確實得挑選到值得做價值投資的好公司。

C. 以便宜合理的價格買進

在找好標的後，最重要的是能以便宜合理的價格買進才能達到真正的價值投資，舉例來說，很多人會覺得台積電是台灣的護國神山，肯定是公認的好公司，不管三七二十一有跌就買，逢低就進場，認為早晚都會上去，可是仔細想想資金都是有限的，買在600-650元跟買在300-400元，同樣是台積電但卻有著天壤之別，如果有機會以更低的價格進場，擁有更大的獲利空間跟立基點不是何樂而不為嗎？那該怎麼讓自己買在夠便宜合理的價格，這邊提供幾個大方向，一方面可以運用前面所提到的基本分析指標找尋低本益比或低於淨值的股，但同時也得確保它財務狀況理想只是暫時沒被市場給予合理的價格，而非公司營運差市場不願意進場。

另外，把握股價崩盤或大幅度修正時進場也是個很好的方式，往往表現再好的公司股價也都會通殺，這時候就是進場撿便宜做價值投資的好時機，例如航空雙雄華航與長榮航在疫情下營運受到影響，股價於2020年3月疫情爆發後創下近年新低來到5塊多與7塊多，然而當下若能秉持價值投資的眼光，可以馬上意識到該兩家公司不僅是國內龍頭也是國家經濟的重要支柱，政府也不會輕易讓他們面臨財務問題，疫情也終究有結束的一天，如此安全可靠的標的在逆境下反而出現了危機入市的大好機會，時至今日2022年5月分股價來到2字頭與3字頭，已經翻了幾倍了，而這正是價值投資可以帶來可觀獲利的好例子，同樣的例子還有很多，例如疫情與火災雙利空夾擊下的KTV龍頭錢櫃，股價與營收都雙雙走跌，或許未來一切回歸正常後股價就能恢復到過往水

準，所以未來在發生重大利空時不仿像個獵人，隨時帶著敏銳的思維和反應等待股價下跌，真正做到價值投資的人是會因為股價下跌而開心的，而這正是巴菲特的那句名言：「在別人恐懼時我貪婪，在別人貪婪時我恐懼」真正的精隨，讀者不仿細細品味與牢記。

講到這邊更是需要提到葛拉漢的重點理論「安全邊際」，是個簡單的觀念但常常被追高殺低的投資人們給遺忘，他主張以低於股價真實價值的價格買進股票，同我們前面提到的一些概念只是這邊更加強調那個空間要足夠與相對的安全性，例如一檔股價真實價值估算約100元，當時股價60元，在此時買進我們就有40元大約4成的安全邊際去做緩衝，用這個邊際空間換取較低的風險與較高的安全性，其實這很符合許多風險趨避者甚至人性天生怕風險的本能，然後在操作股票時我們常常忘記了這個要素，而且換個角度想，股價向下有限，向上無限，如果將向下的空間壓得更小，那不就坐擁更好的泰山去向上展望呢？然而，這邊其實對許多新手甚至我而言，要去估算一家公司真實的價值其實是有難度的，且公司營運狀況乃至總體經濟並非一成不變，因此這邊我分享一個自己的調整版，我認為實務上較容易判斷安全空間也能避免追高，結合了我們前面提過的技術分析中的支撐與壓力，目標在於我們進場只挑選「股價至支撐的距離小於股價至壓力的距離」。

以下圖鴻海為例，我們從週線圖（週期可以個人需求或個股狀況做調整）中先找到目前股價最接近的支撐是下方60週線，價格為108.2，若股價下跌我們可以保守預估頂多虧損目前價格

股Morning
一日之計在於晨，股票新手靠這本

110.5至支撐108.2的2.3元，接著就找出目前股價最接近的壓力是前波高點約120元，若股價上漲我們可以保守預估至少可獲利從目前價值110.5至壓力120的9.5元，當兩邊都概估出來後我們就要檢視重點了：預期的風險空間有沒有小於預期的報酬空間？從這個案例看來2.3有小於9.5，這樣就是理想的狀況，同時也可以確保你承擔的風險是小於你可能的獲利的，而不是變成說你冒著虧損9.5元的風險只為了賺那2.3元的潛在獲利，這樣不管拉長週期做價值投資或是短線都能避免讓自己處在下跌風險過大而安全空間過小的狀況，這當然與正宗的安全邊際有不同，但提供一個同樣是「縮小風險放大安全」的調整版給各位做參考。

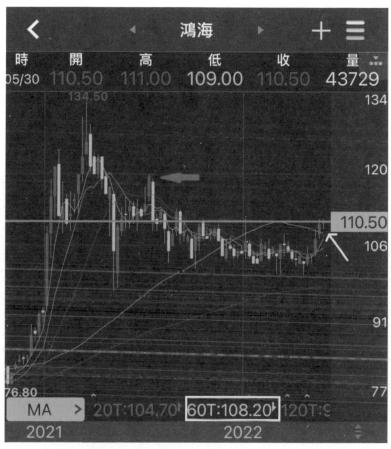

（資料來源：富邦e01電子交易系統）

D. 抱住耐心等待

　　當我們都做到了前面三個步驟，找到了穩定配息的好公司並且以便宜合理的價格買進後，接著就是要有耐心的等待開花結果，常常有人說股票是等出來的，即使前面的步驟都做到，還

是有許多人是敗在最後這步，因為抱不住而沒能遇到獲利不斷攀升的那天，又或者獲利攀升不久就失去信心而賣掉因此錯過後面好幾波漲幅，過程確實不容易，要面對時間成本與失敗收場的風險，但這正是價值投資概念簡單卻少有人能實踐的困難之處。

存股

在低利率時代下，存股彷彿成為了台灣人的股票投資顯學，進到書店財經理財區映入眼簾的除了技術分析外就是存股了，而大多數理財的YouTuber也都曾拍過相關教學影片，其實也不難想見當今利率1%左右，通貨膨脹率2%左右，勢必得為自己的理財找尋更有價值的出路，而有著國民ETF稱號的0050、0056與00878平均股息殖利率都有4-6%，有些個股如台泥、中鋼等甚至有平均7%左右，由此可見存對股確實能抵抗通膨並帶來較高的被動收入，那存股難不難呢？不難，但跟價值投資一樣難在持之以恆，如果沒有決心堅持個至少5-10年那麼可以先打消存股的念頭了，時間可以說是存股最核心的推力，必須提供足夠的時間讓殖利率發酵達到滾雪球般的成長，愛因斯坦曾說複利的威力勝過原子彈，這句話更是道出了存股得以創造財務自由的原因。但存股並非人人適合，隨著每個人的個性與財務狀況不同，需求也會有所不同，存股的目標在於累積被動收入和創造現金流，適合給具備耐心傾向做長線的投資者，若是希望透過價差賺取快錢的投機者，這套策略就可以先排除了，釐清後以下就讓我們來介紹如何存股吧！

步驟：

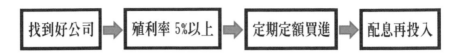

A. 找到好公司

　　其實方法跟價值投資會非常接近，好公司的定義同價值投資部分提到的，但在找到好公司外也相當推薦採取投資ETF的方式，如前面提到的0050、0056、00878，這三檔除了成分股的篩選有所不同外，我想可以概略的跟讀者們以價格波動做區分，因為有些讀者希望在累積被動收入的同時也承擔些風險去達到配息價差兩頭賺的目標，那麼這時候成本較高的0050就會相對適合，反之若想將價差波動降到最低，將配息最大程度的放大為主要獲利來源，那麼00878就是較佳的選擇，同時00878採取季配息方式也是一個投資人所看重的亮點，有別於多數公司採年配息的方式，能為累積被動收入創造更大的靈活度，不會說都得辛苦等一年才能拿到配息。

B. 穩定配發殖利率5%以上的股利

　　這部分有印象的讀者可能已經可以發現比起價值投資的步驟，我多加上了5%以上這個條件，既然是存股為重，那麼除了連續配發外殖利率越高對於我們存股是越有利，一方面殖利率越高在同樣的成本下拿到的錢就越多，另一方面雪球滾到大的時間也會比較短，有興趣的讀者可以去查詢一下殖利率高低在複利時呈

現指數型成長上時間長短的差異。雖然在第一章基礎實戰與觀念的部分已經有提過，但這邊仍迅速為讀者複習一下，殖利率的計算是獲利（股息）除以成本（股價）再乘上100%，而這個結果我們希望是高於5%，也就是說未來讀者們在評估一檔股票當下適不適合存股時可以自己計算看看有沒有超過，假設當時某股票的股價是50元，已經公告當年度會配發3元的股利，這時候就馬上就能計算出殖利率為配息3000除以股價50000再乘上100%等於6%，有高於我們的目標，屬於可以評估存股的標的。這邊還有一點相當值得一提，既然市場上普遍有個標準是以5%為門檻，那麼當一檔股票殖利率在高於5%下其實都可能有長線的買盤願意進場，這也會形成股價上漲的推力，直到其漲到5%為止，所以我們可以將殖利率5%時的價格視為一個支撐點，延續上面的例子，股價50元時都還有6%，但若大家都想存他導致股價漲至60元時，可以發現殖利率因為成本提高已經降到5%，到這個時候長線投資的追價力道就會因為失去誘因減緩了，當然這現象會比較好發在股票配息前，常常又被稱為除權息行情，有些投機者也會透過這樣賺取短線50元漲至60元的行情。

C. 最單純的「定期定額買進」

　　這部分有別於價值投資，我們可以從上面的例子與殖利率的計算清楚看到，若進場的成本越低，殖利率就會越高，也更符合我們存股所期待的目標，然而存股是長遠大計，很多時候我們過程中不見得都能買在夠低夠便宜的位置，也不見得有機會遇到股市崩盤的大好時機，因此存股上相當推薦採取定期定額的方式

買進，例如每個月5號發薪水，固定在每個月的這一天存15000元的00878，或是每兩個月每三個月，週期與金額看讀者的需求決定，透過這樣的方式最大的優點在於雖然我們不保證能買在最低，但同時你也不會買在最高，長期下來你的成本會是一個平均值，殖利率可以維持穩定，也能避免承受到太大的價差風險。

D. 抱住耐心等待，配息再投入，成本降低雪球更大

存股同樣需要持之以恆的耐心，同時過程中更講求「先別急著吃棉花糖」的毅力，許多人領到配息時就迫不及待花掉，甚至剛起步僅僅拿到幾萬的配息也想馬上找個方式用掉，好犒賞這一兩年辛苦存股的自己，這不是壞事但成不了大事，該筆配息應當看做是股票免費送給你的錢，要再拿去存股，既然是免費提供給你的，若能再投入的話長期而言你存股的持股成本會逐步下降，成本下降殖利率就會越高，那麼雪球就會滾得更快更大，記住這點，下次領到配息時可以犒賞自己，但記得自己更遠大的目標，撥冗的一點金額去買些開心即可。

停損

常常聽到有人說做股票短線進場10次會虧損8次，或許這句話有些誇飾了，然而其警世的善意和告知新手們該做的心理準備這部分我是相當認同，我認為讀者們要告訴自己操作股票不要怕虧損，不可能不虧損的，一旦你怕心態就會亂，心態亂操作就會亂，我們重點是要學會賠錢的藝術，讓虧損的8次縮在最小的範圍，讓獲利的那2次放到最大，這樣最終的結果一定是賺的，至於什麼是賠錢的藝術呢，就是停損。

停損的方式百百種，甚至可以依照個人的喜好去找方法，以下我們簡單介紹幾個常見的停損設定。

長線停損

長線停損就是我們在做長期的策略如價值投資或存股時可能遇到的，一般來說就是一個簡單的原則，如果當時買進的優點不在，那麼就是評估停損出場的時候了，例如當初我們是看好某公司其技術為業界獨有，競爭者難以跨入，可以呈現長期的成長而做投資，但有一天不幸的因為其技術到了瓶頸難以精進，造對手一家家出現且無法有效抗衡，毛利率下跌，EPS縮水，股價與公司營運的成長性有疑慮，此時或許就是考慮長線停損出場的時候了。

短線價格停損

　　價格停損是最簡單直接的停損，可以根據自己心理預期所能承受的虧損去做設定，例如只能虧5千元對你來說就很多了，那就可以設定虧5千元就停損出場，但要注意的是得高於自己心裡預期的獲利，例如心理預期可以獲利5千元，那們停損金額可能就得調至3千元之類，這樣長期下來才不會在多次的停損中侵蝕掉自己的獲利，賺的要比虧的多，這樣最終才會是正損益。

短線百分比停損

　　比起價格停損，我會更建議讀者採取百分比的方式去設定，原因在哪裡呢，當今天投資人下單3萬元的股票，設定停損3千元，看上去都還合理，可是如果今天是下單30萬的股票，還設定停損3千元，是不是就顯得不成比例，甚至可能幾分鐘內就因為價格的波動給停損出場，因為隨便1%的跌幅就能達到3千元虧損，而當一個人有辦法下到30萬時，對於虧損的接受度自然會更高，為了提供一個更為客觀方便的設定基準，百分比就成了好工具，例如都設定10%作為停損點，那麼3萬元的股票就是虧到3千元時停損出場，30萬的就是虧到3萬元時停損出場，顯得客觀彈性取多。

短線移動停損

移動停損的概念在於隨著股價上漲，停損點也要往上移動，以避免獲利回吐同時也兼具停利的優點，例如今天15元進場，停損設定13元，但後來股價一路漲到20元，如果停損還在13元其實就已經失去停損的意義了，等到股價真的回到13元也吐掉了7元的獲利，所以移動停損就是主張將停損點也隨著股價上漲往上調整，股價漲到20元，停損也調整至18元，可以有效避免獲利回吐。

短線均線與前波低點停損

在上述這些停損方式外，筆者個人最推薦採用均線停損，方法不難，就是設定好以哪條均線設為停損點，一旦K棒跌破就出場，如果做極短線，如追飆股可以設定5日或10日均線，一般飆股起漲後都會先沿著5日線不斷上漲，漲多過後會來個大幅度的修正，會率先跌破5日線靠向10日線甚至20日線，漲幅就會告個段落，所以設定5日較可以獲利了結在高檔，不至於回吐太多，後續會不會再上漲則看回測均線後的走勢，夠強勢則在回測10日線或20日線後接著爆發向上。做波段的短線則可以設定20均線，一般來說20日均線是短期生命線，股價只要沒有跌破且該均線持續向上，走勢就可能一波接一波的走多頭格局。因此在設定均線上取決於個人操作的需求，而為什麼我個人最推薦均線停損，一方面在於均線具備支撐效果，若跌破往往走勢就會向下，另一方面均線會隨著股價自動調整，具備移動停損的概念。

股Morning
一日之計在於晨，股票新手靠這本

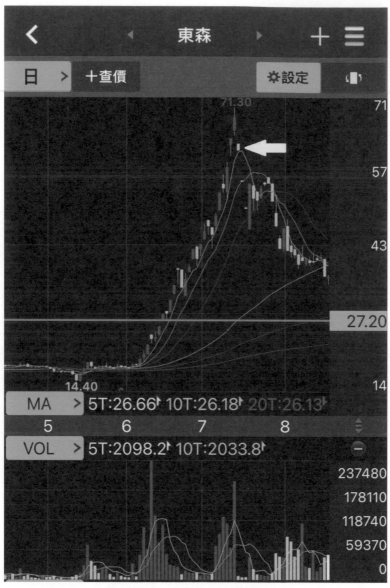

（資料來源：富邦e01電子交易系統）

　　如上圖，飆股沿著5日線上漲，若設定5日線為停損點，可以一路抱至黃色箭頭處的隔天，該日正式跌破，符合停損出場原則，後續也就一去不回了。

　　同樣運用支撐概念的還有前波高低點，股價除了受到均線的支撐外還有前波低點，若下方最接近的支撐是前波低點或是處在盤整區間，那麼設定前波低點就可以被設為停損點，一旦跌破就出場。

　　如下圖若是在該位子進場台積電，可以設定下方最接近的支撐點也就是黃色箭頭處的前波低點作為停損點，後續若順利站上均線，則可改以均線作為停損，以免跌至前波低點時獲利都已回吐。

（資料來源：富邦e01電子交易系統）

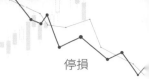
建立正確停損心態

　　其實人人都知道操作金融商品要做好停損，但為何還是有層出不窮的慘賠案例呢？問題往往出在心理層面，大家都知道，可是碰到了虧損時人的本性就是僥倖和不願意認賠，導致內心常有一個惡魔告訴自己：也許明天就會回來了吧，結果就好幾個明天過去，股價一去不復返，慘住套房。為了幫助讀者調整心態，我這邊提供一個想法給各位，停損點一定要在進場前就想好，假設你是均線停損，以當時的均線判斷跌破可能虧損約5千元，那麼當下你就把那5千元當作門票，當作進入這場賭局的門票，如果賭贏了可能可以抱走萬元的獲利，賭輸了你也早就知道最多就是損失5千元，在這樣的心理準備下執行停損時就不會那麼痛苦了。除了上面的心理建設外，要新增一個禁忌，就是不要把虧損想像成生活中可以購買的物質商品，例如看到帳面虧損了3萬元，有人就會跟自己說早知道不要進場就可以買一支手機了，當你這樣想的時候在砍下去會更痛苦，因為你眼前跑過的已經不只是數字，而是一隻手機。

重組新手必敗基因

　　股市常流傳一句話：「操作成功有20%是靠技巧，而80%靠心理」，這句話道出了心理素質所扮演的關鍵角色，當大家都學一樣的技術分析，但同一張線圖出來每個人的判斷就是不一樣，同樣的停損訊號出來有些人做得到，有些人卻做不到，這樣的心理素質差異也造成了股市有85%的人是輸家，只有少數人能成功從這個零和遊戲中獲利，賺走大部分的財富，看到這邊我們先不要去想為什麼那些少數人能成功，先去想想為什麼有高達85%的人會失敗，其實答案與心理素質也就是「人性」有很大的關連，每個人天生彷彿都被植入了注定失敗的基因，以至於大多數人都犯下一樣的錯誤，有著錯誤的心態最終一起走向賠錢之路，但天下沒有白吃的午餐，這也正是這遊戲公平的地方，若人人都能有正確強大的基因那就不會有輸家贏家了，也枉費那些努力培養心理素質的人，經典書籍「有錢人和你想的不一樣」，這書名是深得我心也與心態致勝的道理相呼應，接下來我會從一些股市新手常有的錯誤心態去分享我建議的作法或想法，一起培養正確心法，重組新手必敗的基因。

做長做短，傻傻分不清楚

　　要做長線或短線是進場前就要決定好的，然而很多人在進場後卻敗給自己的心態而沒了原則，例如一開始決定做長線，但後來買進不久就漲了，這時按耐不住心中對於獲利回吐的擔憂就選擇獲利了結出場，殊不知自己很可能當初選股與進場時機點都正確，卻因為心態的錯誤從做長線變成短線收場，錯失了後續更

大段的漲幅，又或者是今天打算做短線，結果進場不久就下跌虧損，理應依照停損策略去執行的，此時許多人會告訴自己：「算了，就放著吧，等他回來再賣掉」，結果這一放可能就是幾個月甚至幾年過去了，與當初預設的短線操作是大相逕庭了。

價格委託的優柔寡斷與錙銖必較

當我們判斷好一檔股票可以進出場時，下一步就是掛單委託，然而新手在這個步驟上也常常被人性給左右而顯得錙銖必較和優柔寡斷。例如當下看好一檔股票選擇買進，卻在委託價格時刻意往下掛幾檔，想要等看看會不會有比較便宜的價格可以買進，幸運的話真的可以撿到便宜，但常常就在這時候股價漸漸往上，想要再往上掛單追價買進卻又悔不當初，心裡有好幾個早知道，早知道……當初直接買進就可以開始獲利了，早知道……我判斷是正確的，直接買進就可以不用花更多成本了，這樣的狀況確實不需要發生，如果你都看好它了，表示後續你推測它會上漲，當下的價格一定也是你可以接受的，何必為了省那幾百甚至幾十塊的成本而刻意往下掛呢，看好了就直接買進吧！別讓貪小便宜的心態誤了大事，相反的，賣出也是相同的道理喔，既然不看好了，就不用刻意往上掛個幾檔想用高一點點的價格賣出，結果股價卻開始往下掉，吐掉更多的獲利。

唯一有個例外的狀況是有時候股價會回測均線或是向上遇到壓力時容易剛好漲到壓力價就漲不上去，這種時候如果看好後續漲勢，是可以掛看看均線的支撐價格去等看看會不會剛好撿到它

回測支撐點的價格，或是已經持有某檔股票了，判斷它到了均線的壓力價格後漲勢會告一個段落，這種時候也可以預先掛在該壓力價格，有機會賣在當日最高點。

市場永遠是對的，別為自己的操作找動聽的證明

市場永遠是對的，這個觀念務必深植在腦海，要學會向市場認輸，也學會謙卑的看待市場，個人的輸贏是個人的責任，而非怪罪市場。又市場上充斥著各式各樣的資訊與分析，新手常常會刻意找尋自己想聽的新聞去佐證自己操作，試圖讓自己心安，弭平心中的不確定。

例如某股票開始走跌了，卻開始放大一些營收的利多，外界樂觀的看法，深信這只是暫時的，但股價就是硬生生繼續往下走，接著心中充滿各種問號，但這些問號都是不必要的，也不用為著每天為何漲為何跌去找尋答案，可以常常看到很多盤後新聞都會為當天的漲跌說明原因。例如就業指數的公布、聯準會釋出消息的態度、某產業巨頭對未來前景的看法等等，今天漲就說是因為某利多消息，結果隔天下跌又說是因為某利空消息，仔細想想不覺得有事後諸葛的疑慮嗎？股價難道就像隻無頭蒼蠅總是隨風起舞嗎？但這樣的新聞只會不斷存在甚至更多，因為市場上充斥著想為漲跌找答案的人，充斥著因為漲跌而焦慮的人，撫平焦慮與提供答案就成了市場需求和供給。其實反璞歸真，股價的漲跌就是來自於供需跟群眾心理，心理驅動行為，行為改變供需的

結果，市場就這樣單純，除了有紀律的遵從它以外沒有別的戰勝和改變它的可能，新手也應該有這樣的心理建設，在操作上才會勇於負責任並從中學習改進。

持股檔數要控制　買股票不是買菜

　　每年到了股東會前許多婆婆媽媽叔叔伯伯就會開始收到一封封的股東會通知信，意味著他們長年累積下來的持股檔數可能超過10檔甚至幾十檔都可能，這樣不是不行，若能維持獲利或有穩定的配息是不錯的，然而一般常見到的都是套牢只好一路抱著，因此會建議新手持股不要超過5檔，一方面是方便管理，一方面是讓資金集中於對的股票，下大且抱住，獲利更有感也更好操作，若不如預期也能一次處理，所以請記住買股票不是買菜，不要東聽一個明牌，西看一個潛力股，通通買，最後買到的是一團亂和沒效率的操作結果。

攤平　越攤越貧

　　什麼是攤平呢？攤平就是當既有持股的股價下跌時，為了降低平均成本等反彈時轉虧為盈的做法，例如買了某檔股票在15元，後來下跌到10元，這時候只要在這個位置買進一張，均價就來到12.5，只要有反彈到12.5就能解套出場，而不用等它漲回去15元。聽起來好像神機妙算，然而實務上多數新手都是越攤越貧，持續撿到天上掉下來的刀子，不僅還沒等到反彈轉虧為盈，

還讓虧損隨著張數越來越多賠得金額更大，所以一般很不建議採取這個攤平的作法而是應該第一時間就停損，除非很有把握抓住底部還有足夠多的資金，透過該位子的大量加碼能讓過去太高的均價下降些，提高解套的機會，不然與其研究如何攤平，不如檢討下次如何及時的停損。

好公司不等於好股票　好股票不等於好公司

　　首先，我們要先區分何謂好股票與好公司，我想普遍來說能夠透過價差或配息獲利的股票都能符合大家對好股票的認知，因為大家投資股票不外乎就是想要有額外的獲利，而好公司指的是基本面良好，具備獨到技術或公司治理有方，能經得起競爭與危機等。許多新手會把這兩者劃上等號，認為好公司就會是檔好股票，然而事實不盡然，許多時候股票的上漲可以來自於主力的拉抬或題材炒作，哪怕是虧損連連的公司都可能吃下好幾根漲停，例如元宇宙題材下的宏達電，想必虧損連連不符合好公司的定義吧，但它能帶來的價差獲利在當下卻是名符其實的好股票。

　　而好公司也會因為市場就是沒注意到或價格早已過高而不願再追價買進，例如人人知道台積電是好公司，但當其漲多來到歷史高檔準備反轉向下時它算是檔好股票嗎？買在高檔而套牢的人可能還會安慰上自己，沒關係它是好公司，有一天會回來的，或許會回來，但以當時的狀況它已經不是個能幫助你獲利的好股票了，甚至既有的持股得花上許久的時間成本才能解套。所以這兩者區分好，才不會在一些狀況下束縛了自己，例如想要做短線，

明明眼前一檔題材正熱，資金正集中的好股票卻因為其基本面不佳而不敢上車，錯失了獲利的機會，又或者深信某公司是好公司而不斷加碼，但股價就是硬生生持續下探，直到虧損到懷疑自己。

股票只是場數字遊戲

在面對股票市場時，因為攸關到錢，自然人性會有得失心，但卻也正因為害怕失去與過度在乎損失，導致我們操作上常常失敗，例如面對逐漸擴大的虧損要執行停損其實是要鼓起勇氣處理這個不願面對的真相，又或者看著獲利中的股票越漲越多，開始害怕突然被倒貨的獲利回吐，這些都是正常人會有的現象，然而要在股票市場致勝就像我前面說的，要讓自己的心理強度跟少數人一樣，要學會把股票的損益看做只是場數字遊戲，讓自己變成像機器人，學著對虧損無感，如果到後來連獲利都能無感，那離成功的心態不遠了，當心態正確了，操作就能理性的照著策略和紀律走，勝率自然就提高。

不過度看盤　越看可能越慘

進場後除非是做當沖，不然可以不用一直盯著當日即時走勢的，新手常常買完後一顆心就懸在那，時不時打開螢幕一直看，結果一點點風吹草動，稍微的一個買盤湧入或賣壓出籠就跟著七上八下甚至錯買錯殺，股票還是回歸趨勢看待，格局看得大一點

心態自然穩定，密集的盯盤不僅心情容易起伏還容易小題大作，事後看才悔不當初。

留意股市循環　順勢而為

　　許多新手在看待股價走勢時往往看得太細太局部，很專注在短期間內的多空，卻忽略掉了看大趨勢的重要性，而掌握大趨勢的關鍵就是掌握多空循環，必須知道目前處在循環中的什麼階段才能採取順勢而為的決策，例如在上漲階段就可以大力做多，減少做空，因為大部分的個股都會跟著大盤易漲難跌，反之如果是下跌階段，就減少持股，現金部位增加，更進階的則可以試著放空，因為個股都會跟著易跌難漲，例如在升息與縮表下股市容易受總體經濟影響而下跌，如果一開始就能意識到即將進入循環，其實就能馬上汰弱留強甚至獲利了結，等待循環落底後再抄底進場，即使短期內遇到反彈也應該保守操作，因為大格局就是處在循環的下跌階段，務必記得順勢而為。

　　下面是我自己為了幫助讀者們好了解而製作的循環圖，放入的愛情的概念，讓讀者們知道不管人生、愛情或股票都沒有永遠的美好，需要珍惜當下的美好，居高思危，為接下來的挑戰做好準備。同樣的，如果處於下跌的低潮或分手的難過下也別灰心，柳暗花明又一村，天涯何處無芳草，只要熬過了，下一個更好的對象自然也能因為更好的自己而留住，下一個上漲的好機會也能把握住，把這個觀念放進股市循環中，順勢而為，你也能掌握漲跌先機。

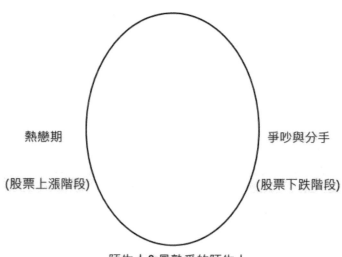

愛情的美好達於顛峰

(股票過熱階段)

熱戀期

(股票上漲階段)

爭吵與分手

(股票下跌階段)

陌生人&最熟悉的陌生人

(股票整理階段)

不要總是問Why

　　有留意股市新聞的讀者們都可以發現每天一早開盤前都會有個股市早報，爲前一晚美股的漲跌原因做出說明，到了午盤又爲了早上開盤的漲跌做解釋，到了傍晚又總結了當日台股爲什麼漲或跌，這樣的新聞會如此高頻率的產出有個很大的關鍵，因爲投資人往往非常想知道Why，尤其新手看到手上的股票大漲大跌總是會問上一句爲什麼？這其實人性使然，會如此想知道答案正是因爲心裡害怕，害怕未知，仿佛知道了原因就能安撫內心的不安，但實際上對自己的操作是沒什麼幫助可言。

　　仔細想想和觀察那些新聞的解釋，你會發現多半是事後諸葛，但也別怪他們，這種事情只能事後諸葛不然也沒別的方法了，再來冷靜想想股票的漲跌，難道就真的都是因爲那些原因在上上下下嗎，因此回歸一句前面提到的觀念：市場永遠是對的，把這句話放心裡恐懼自然下降，保持冷靜客觀的心態去看待，不用過度的去追求原因，不用埋怨爲什麼有好消息出來還是跌，有壞消息出來還是漲。當然有些客觀的因素一定是可以作爲漲跌原因的參考的，例如升息降息對市場資金的緊縮與寬鬆，資金多了股市自然上去，資金少了股市自然下去，又或者像籌碼面外資或投信大買，股價自然容易上去，也可以輕易的推測背後上漲的原因就是因爲他們的積極買入，但除此之外不需要爲了每天的起起落落尋求答案，漲跌就像波浪，你不會看到每一道浪來的就問說爲什麼這道浪比較大，這道浪比較小，乘風破浪即可。

越跌要越開心　長線投資者該有的狼性

　　一看到這個標題可能覺得很奇怪吧，下跌怎麼會開心？而這正是大多數新手普遍會有的觀念，好像在股市中只有上漲是好事，上漲其實相對而言就是成本變高，對於想做長線投資的讀者們來說，如果能做到因為下跌而開心那麼你就成功了，怎麼說呢，回顧我們前面提到的價值投資或存股，成本是個很關鍵的要素，如果成本能下降殖利率就能提高，創造出來的安全邊際也更大，因此如果今天是個成功的長線投資者理論上應該是要期待下跌的，最理想的狀態是手上有著充沛的現金在等待股市繼續往下，讓自己有更便宜的價格持有好標的，所以如果自己是個打算存股或價值投資的人，請把自己的心態轉換成一匹渴望獵物上鉤的狼，期待著股價下跌甚至崩盤，那正是你出手的大好機會。

操作不要充滿恐懼　害怕是人性注定失敗的關鍵

　　到了本書的最後一段落，總結上面各種人性可能招致的失敗因素，其實總歸一個關鍵：恐懼。只要涉及到金錢，人們就變得像魔戒裡的咕嚕一樣，渴望得到戒指也害怕失去戒指，這樣患得患失的心理就會導致我們無法照紀律停損，也會在股價上漲時怕回吐而賣太快，也會在下跌時抱著僥倖的心態，告訴自己放著，反正早晚會回來。也因為想為自己的恐懼找到出口，會變得習慣去找原因，卻不會告訴自己市場永遠是對的。進場後又因為害怕賠錢而過度看盤，卻越看越慌張，慌得胡亂出場或加碼，收盤後

退一步看卻發現不過是當天正常的波動而悔不當初。

　　市場上總是充滿的各種消息，東聽西聽好像這檔會漲那檔也會漲，害怕失去機會的自己就默默的這隻也買那隻也買，不知不覺好幾檔股票在庫存裡卻不知如何管理起，幸運的話還都能賺錢，但實際上往往是操作不佳而虧損。上述是因為怕錯失機會導致買股票像買菜，接著是掛價格像買菜，深怕自己買得比別人貴，賣得比別人便宜，對於委託價格錙銖必較，最後多的是錯過先機的懊悔。

　　上面這些都是先前提過的新手必敗基因，諸如此類的案例與主題還有很多，可以清楚得看到都是敗在對於金錢的恐懼與貪婪，這部分要調整是相當困難也需要時間磨練，就像人出生在地球上就是習慣地心引力，要到外太空的無重力狀態勢必要經過嚴格的訓練，但皇天不會負苦心人而有錢人也真有一般人所沒有的本事，所以除了將這些觀念記在心裡以外，最佳的辦法是透過股票更認識自己，去觀察自己面對股票時可能出現的心態，如果出現了恐懼就要試著將它切割開來，或許自己會做出截然不同的決策。

　　讀到了這邊讀者們可以領略到為什麼我在開頭就說不是我們在研究股票，而是股票在讓我們認識自己，好多年前有本經典書叫《祕密》，內容無關乎股票卻放諸四海皆準，套用在投資我認為是相當實用，吸引力法則告訴我們心想事成，懷著正向思考自然招致正面的結果，吸引同樣美好的事物，反之若心中帶著恐懼或負面的意念，也容易帶來不如意，是不是很像我前面提到的恐懼所帶來的失敗呢？下次不仿試試看抱著正面的態度去操作，想

像著自己能獲利的金額，想像著自己能用獲利買到的東西，相信
自己的操作，拋開恐懼的烏雲，相信各位讀者們都能找到自己的
致富之窗，金光灑落，滿載而歸！

國家圖書館出版品預行編目資料

股Morning：一日之計在於晨，股票新手靠這本
／賈股文著. --初版.--臺中市：白象文化事業有
限公司，2022.10
　　面；　　公分
ISBN 978-626-7189-05-4（平裝）
1.CST: 股票投資 2.CST: 投資分析
563.53　　　　　　　　　　　　　111012263

股Morning：一日之計在於晨，股票新手靠這本

作　　者　賈股文
校　　對　賈股文
發 行 人　張輝潭
出版發行　白象文化事業有限公司
　　　　　412台中市大里區科技路1號8樓之2（台中軟體園區）
　　　　　出版專線：（04）2496-5995　　傳真：（04）2496-9901
　　　　　401台中市東區和平街228巷44號（經銷部）
　　　　　購書專線：（04）2220-8589　　傳真：（04）2220-8505
專案主編　黃麗穎
出版編印　林榮威、陳逸儒、黃麗穎、水邊、陳婷婷、李婕
設計創意　張禮南、何佳諠
經紀企劃　張輝潭、徐錦淳、廖書湘
經銷推廣　李莉吟、莊博亞、劉育姍、林政泓
行銷宣傳　黃姿虹、沈若瑜
營運管理　林金郎、曾千熏
印　　刷　基盛印刷工場
初版一刷　2022年10月
定　　價　360元

白象文化　印書小舖 PressStore　出版 · 經銷 · 宣傳 · 設計
www.ElephantWhite.com.tw　f 自費出版的領導者　購書 白象文化生活館